Idea man

Idea man

Idea
man

Idea man

減法。

少即是多，慢即是快。
關於時間、精力、效能與人生管理的核心科學。
5%精英都在做的減法工作術

私教第一品牌YouCore創辦者
王世民——著

推薦序

心地清淨方為道，退步原來是向前

記得小學五年級暑假結束，從台北外婆家返回豐原，和一群同學在田間小路抓田螺，滿載而歸之餘，我不自覺地說出這輩子的第一個預言：「十年之後，豐原就會和台北一樣進步。」小朋友們沒去過台北，他們也不了解什麼叫進步，但從臉上能讀出他們的相信。至今豐原的人口還是十幾萬，沒發生太大變化，當初的兒話，只是想顯擺自己去過台北。很遺憾的，我也沒成為預言大師，卻成為一名系統科學家，從趨勢變化、設計系統、結構組織到循環再生，成為我一生的志業。

何謂系統科學？命題如下——當你手上有一筆預算，要如何掌握投資分配，才能將回報率達到最優——Optimal Computing Budget Allocation。我的論文是將一連串的複雜問題數學化，導出一目了然的數學公式，這比不上愛因斯坦E＝MC平方偉大，但對最優化的領域有著深遠的影響。

後來這個命題又衍生出子題如下：在眾多可以選擇的組合（比如過千種的投資組合），與其窮盡找出最優的組合，還不如找出若干個組合，只要其中包括最優的就好。這個想法看來一般，但目前AI演算的基本邏輯正是如此，先求方向再求精，優化和模擬（simulation）並行。沒想到就這麼一個簡單的概念，所能省下的算力至少數千倍以上，如今看來，不亦「減法」乎？

畢業之後，到IBM諮詢部門上班，在一個大型軟體公司轉型的項目認識了世民兄。後來有緣與世民在二〇一五年，志向遠大的成立了一家專門打造「學以致用」的公司，致力於個人核心力（思維力、學習力、表達力）的提升，實現思維和行為模式的改變。

初心是因感時代變化得太快，到底現代人該學些什麼？還是不學什麼呢？心想如能把戰略顧問的那套手法，降維到面對職場的青年都能使用，也許是門又做好事又賺錢的商業機會。但夢想很豐滿，事實很骨感，人生總是先算加法，乘法，少用減法，以為那是不好的表徵。

當年第四季度，公司開緊急會議，世民告知公司銀彈將盡，我心裡也有很多的躊躇問號，我倆都是第一次創業，怎麼就幾個月近幾百萬沉海？公司走到「策略轉折點」的兩難之地，曾經的遠大夢想，看來就要灰飛煙滅。謝謝世民兄的減法思維，轉了個彎，不再求一味的加班，把覺睡足，把體力培養好，把營養吃好，大腦才能夠進行高層次的戰略思維，才讓公司起死回生。

記得他當初語重心長地說，只要目標價值存在，無須馬上實現，要有心理準備，要打一場長期抗戰，這才有二〇一七年《思維力：高效的系統思維》一書橫空出世。二〇一八年，公司開始營利。如今讀《減法》一書，方知當中的來龍去脈。

仔細想來人生何處不「減」呢？在老東家服務時，當我是合夥人級別時，一名和我同期進入職場的美國名校博士仍然沒升經理，他做過很多不同類別的專案，經驗極其豐富。有天老闆通知他，今年度的職等考核還是一般，不能升經理，他當場落淚。

老闆給的理由是你好像什麼都會，但又什麼都不專。當我們討論升遷時，你的名字在初選階段名列三甲，但到最後關頭，相互競爭位子時，沒人可以講出你的關鍵能力。

你的什麼都懂，便成了弱點，而你又頻頻表現，到處充斥著說你只會打醬油的同事。

這一番話石破天驚，從此之後，他修正態度，專心只做能源項目，成了李小龍都害怕的人，一飛衝天，幾年後，成了上市公司的大領導。這正是書上所提的，所謂「減法」，就是以更高的效率，更高的創造力，做最少的關鍵要事，贏得競爭優勢。

相同的，「減法」也適用在運動場域。我是個NBA球迷，尤其是勇士隊的比賽，每一場電視轉播都要趕上，真的不行時，就看手機上的文字轉播，連開會時也停不下來。不過這不是重點。

重點是當柯瑞（Steve Curry）上場的時間在三十分鐘上下，勇士的勝率幾乎是鑽石等級，若再加上另一法則：超過十個球員得分時，便是碾壓對手的王冠表徵。若整個賽季，柯瑞平均上場時間為三十一分鐘上下，那勇士可以奪冠的機率就相對高出一些，因為在NBA長時間高強度的賽季，不能場場都把弓拉滿，否則進入到季後賽也會後續無力。

「減法」也讓我想起一本書，是查理．蒙格（Charles Munger）推薦閱讀二十本書單的其中之一——Intel傳奇CEO安迪．葛洛夫（Andy Grove）在一九九六年出版的《*Only the Paranoid Survive*》，中文翻成《10倍速時代》，這是影響我至深的書。那時，我仍在賓大的實驗室進行著看似永無止盡的數學推導，每天腦子都在做「加法」，塞不了葛洛夫的真知卓見。之後二十年，多次參研，影響我至深。

九〇年代，是混亂與變化加速的時代，機遇與危機並存，商機不斷湧現，卻又瞬息消失，互聯網剛剛叩門這個世界，麥可・波特（Michael Porter）的五力分析遭遇巨大的挑戰，相關的規範制度處於不得不的改變，那是個十倍速時代。葛洛夫提出一個關鍵性的概念——「策略轉折點」，教導我們預測變局，創造轉機，針對所有的受薪階級與企業家，提出一套全面性的策略性思維模式。

三十年後的今天，在生成式ＡＩ及地緣政治「疊代產出」之際，世局之變何止十倍，我也因為工作關係，接觸到非常多的前沿技術和跨國商機，雖然有個ＡＩ助手，可以幫我寫多國語言郵件，但時間還是不夠用，這是個「不做」什麼比「做」什麼更為重要的時代。我的初中導師李上林先生曾苦心叮嚀「學海無涯，唯勤是岸」，但時間永遠不足，以前信奉的是史蒂芬・柯維在《與成功有約：高效能人士的七個習慣》書中所提到方法，但此書的「333時間管理法」，確實是個更高效的解方，精不可言。

如今的我，遠遠已過了想要成為百分之五工作精英的年紀，把時間花在傳承比學習更為重要，如果YouCore「學以致用」的方法可以在台灣落地，幫助台灣學子將思維、學習、表底層能力的基礎打得更好，探索人生的奧祕，習得系統科學之妙，才是此書對台灣的最大善意。

台灣新東向全球產學研聯盟協進會　執行長
陳孝昌　博士

前言

學會做減法，適應新競爭趨勢

在這個快節奏的社會裡，許多人分秒必爭，甚至早上多睡一會兒，都擔心自己會落後。

二〇一四年年底我開始創業時，也有過這麼一段分秒必爭的拚命歲月。為什麼要這麼拚命呢？

因為我想取得更大的成就，於是辭去了知名外企諮詢顧問的工作，開始自主創業，並對創業有很高的期待——我要創立一家知名企業。

那段時間，我開始更多關注那些將公司由小做大又有抱負的人。不關注還好，一關注我就陷入一種焦慮的狀態。

原先，我覺得自己工作已經很努力了。

週末工作對我來說是常態；熬夜到凌晨兩三點趕工的情況也時有發生；節慶假日基本無休，用來處理忙不完的工作。

但是，看完知名創業者們的勵志故事後，我發現自己的努力似乎還遠遠不夠。那些創業者們在創業時，有人工作睏了就睡在公司，醒了繼續工作。有人無論前一天晚上喝了多少酒、多晚休息，第二天早上還是必定準時出現在公司早會上。

還有人自曝，每天的午飯時間基本只有三分鐘，每天工作十六小時。比你優秀的人比你還努力，你有什麼資格不拚命？

因此，我將每天的睡眠時間壓縮到五個半小時。每晚十二點睡覺，早上五點半起床，中午還經常忙得沒空午休。

在二〇一五年三月到九月，我這樣做的效果很「顯著」：短短六個月，公司虧損近二百萬元，前期投入的資金基本虧光了；我也腰傷復發，下不了床，去醫院理療了一週才緩解。

幸好到了十月，因為假期我得以從工作中暫時抽身，進行自我反省。

我問自己，為什麼會得到這樣的結果？原因很簡單：我每天缺乏睡眠。

缺乏睡眠會導致兩大問題：

第一，大腦難以進行高層次的策略思考，更偏好處理瑣碎的事務，方向錯了也不知道及時調整。

第二，身體極度疲倦，抵抗力直線下降。

找到原因後，我給自己的工作做了減法：減少工作時長。另外，保證每天睡八小時；再忙也要運動，每週至少運動三~四次，每次不少於三十分鐘。

做減法之後，神奇的事情發生了：我的工作時長縮短了，公司業績卻越來越好。自此，我領悟了「人要學會做減法」的道理。

這個道理，我除了用在自己身上，還用在公司所有員工的身上。

尤其在創辦YouCore官方帳號後，公司開始按更自由、更自主的互聯網化方式管理，我更是鼓勵YouCore的員工留出更多的休息和運動時間。

感到睏倦就可以去躺一會兒，無論是不是上班時間。

公司配備了跑步機和交叉訓練機，隨時都可以運動。

每週四下午，在工作時間會有手藝高超的按摩師上門按摩。

從二〇二一年十月起，公司改為每週休息三～四天，而不僅僅只是週末休息兩天。比如，員工可以選擇週一、週三、週五上班，週二、週四、週六全天休息，每兩週週日再輪班一天。

也許你會覺得，工作時間這麼少，一定會影響業務吧！

老實說，一開始我也有這樣的擔心，所以這種工作模式是逐步推行的。

但從二〇一八年逐步推行以來，我發現每位員工的工作效率和個人產值反而越來越高，精神面貌也越來越好，每天看起來都精神抖擻。

這和公司創立前三年（二〇一五至二〇一七年）的情況形成了鮮明的對比。當時，幾乎每週都有員工因為身體原因請假，例如感冒、發燒、腰疼、頭疼、頸椎錯位，大家的身體裡似乎藏了各種「暗雷」，一不小心就會被引爆。

而在最近三年中，全公司沒有一個人請過病假，經過幾年的規律作息和持續運動，大家的身體變好了，工作也更投入了。

每位員工的能力和創造的價值一年比一年高。我可以自豪地說，按人均年產值來算，我們超過了全球大部分的公司；如果按單位時間產值來算，我們超過的公司更多。

這就是做減法取得的成果。

因為只有身體保持健康、留出足夠多的空白時間，你才會有足夠的精力來支撐效率的提升，也才會有更多的腦力來進行深度思考與創新。

更重要的是，只有懂得做減法的人，才能適應社會生產效率和經濟水準提升後的新競爭趨勢。

在不同的時代和發展階段，人們奮鬥的方式、取得成就的方法其實大不相同。

在發展初期或百廢待興的時代，閉著眼睛拚命向前衝是最好的奮鬥方式。因為在這個時期，無論物品、資金還是人才都供小於求，比起技能和創新，能不能快速抓住機會更為重要。

但進入發展成熟期後，這種奮鬥方式就行不通了，因為這個時期更需要高層次人才和突破性創新。如果再依賴加班換來的低勞動力成本優勢，會讓企業缺少創新動力；長時間的重複性工作，也會降低個體的創造性。

而在發展成熟期，做減法就是更好的奮鬥方式。

這並不是說你不用奮鬥了，而是不再將寶貴的時間、精力、腦力耗費在重複性的初級腦力活動上，轉為多做創造性的高級腦力活動。特別是現在以ChatGPT為代表的人工智慧生成內容（ＡＩＧＣ）初顯威力後，如果我們還在低層次的重複勞動上努力，這種努力似乎就失去了意義。

我這麼講，並不是說人工智慧一定會取代人類的工作，恰恰相反，我反而認為被熱烈探討的人工智慧，很可能卡在某個瓶頸上，無法發展出人們想像中的超級機器人。未來會往哪兒走，現在沒有一個人能說得清。

第一，在基礎理論方面，人類尚未掌握宇宙的規律。

例如，我們的物理學仍然建立在相對論和量子力學這兩個不完整且存在矛盾的理論基礎上。連基礎理論都還有巨大的突破空間，未來趨勢怎麼能被準確預測呢？

第二，歷史上人類預測未來的戰績並不佳。

例如，一九六九年美國登月後，當時的人們普遍預測五十年後，我們會駕著太空船去月球基地度假，但到目前為止，普通人是很難登上月球的。

人類對未來趨勢的預測，總是很難跳出現有技術的線性發展思維，但技術發展其實是不定向的。

不過，雖然我們不能準確地預測未來趨勢，但未來變化的根本趨勢，我們還是能抓住的：高級腦力活動的作用會越來越大。

人類是靠智力站上地球生物鏈頂端的。因此，在過去的十萬年裡，人類的技術革命，讓人類能夠省下更多的時間，用於從事更多的腦力活動。

從原始社會到農業社會，人類省下了到處覓食的時間。

從靠肌肉的力量到靠能源和機械的力量，人類省下了體力勞動的時間。

正是這些省下來的時間，使得腦力勞動者的數量越來越多，也讓人類的創造越來越多，發展越來越快。

現在的AIGC工具已經開始幫助我們節省重複性的初級腦力活動時間，我們完全可以將整理會議紀要、調整PPT、回覆初級諮詢等工作外包給AIGC工具，從而提高效率。

但在效率提高的同時，一個嚴肅的問題也隨之而來：雖然時間省下來了，但如果你的大腦不能從事更高級的思考和創造活動，該怎麼辦？

要繼續緊跟時代，甚至成為引領時代的前百分之五工作精英，你需要掌握讓大腦從事更高級的思考和創造活動的方法，這個方法就是「做減法」。

在本書中，我將分上、下兩篇與你分享做減法的具體做法。

上篇介紹做減法的四大策略——

減少貪多求快：捨得留白，為用而學，敢於放慢，多用優化。

減少過高期待：拒絕好高鶩遠，降低自我和他人期待，承認「人力有窮盡」。

減少過度消耗：不過度消耗體力、腦力、情緒和意志力。

減少完美主義：減少對做事標準，以及做事開頭、過程和結果的完美苛求。

下篇則透過「333時間管理法」，示範如何綜合應用做減法的四大策略，幫你提高自我管理和時間管理的水準。

我很期待與你在本書中共同探索，一起掌握做減法的核心，以更輕鬆、更健康、更適應新競爭趨勢的奮鬥方式，共同成為前百分之五的工作精英！

YouCore創始人

王世民

目次

CHAPTER 2 減少過高期待

CHAPTER 3

減少過度消耗

CHAPTER 4 減少完美主義

CHAPTER 5

綜合應用：333時間管理法

1 CHAPTER

減少貪多求快

有個做會計的學員，在備考註冊會計師（CPA）的同時，還報名了工商管理碩士（MBA）考試，因為擔心三十五歲後會遭遇職業危機，他又報名參加了各種創業培訓班，如行銷力提升班、股權設計班、團隊管理班等。

從週一到週日、從早到晚，每天排程排得很滿。但最後，疲憊不堪的他，既沒做好工作，也沒通過考試，培訓班教的內容更是一個也沒學會。

可以這麼說：他在拚命努力之後，工作和學習都耽誤了。

為什麼會這樣呢？這與他一直在用「做加法」解決問題有關。

1. 為什麼要考CPA？

他覺得自己的財務水準不如同事，同事有CPA證書，所以他也要考。

但他與同事的差距，在於他在工作中缺乏靈活運用財務知識的能力，而不是缺乏財務理論知識。所以他不需要通過備考CPA學更多財務理論知識，而應該提高對財務知識的靈活運用能力。

2. 為什麼要同時備考MBA？

因為他覺得自己不能一直做基層會計，只有做管理工作才有發展。讀MBA的話，他既有了學歷，又有了管理知識，二者都能幫助他晉升到管理職。

這個想法不能說是錯的，但就當前情況來說，他的做法錯了。因為他目前最大的瓶頸是財務專業能力不足，是否需要增加管理知識不是他目前急需解決的問題。

所以，用增加管理知識來解決財務專業能力不足的問題，結果只能是與自己的初衷背道而馳。

3. 為什麼要進行與創業相關的學習？

他參加創業培訓班，是因為擔心三十五歲後失業，想要為將來的發展打好一定的基礎。

但他目前最需要的並不是提前進行創業相關學習，而是儘快提升自己的財務專業能力，能為以後的職業發展或創業打下堅實的基礎。但他錯誤地選擇做加法，浪費了本就有限的寶貴時間和精力。

這位學員**到處學各種知識、時間排得滿滿的，看似很努力，實則是貪欲過多的表現。**結果往往會導致任何一件事都做不好。

那有什麼辦法治療「貪欲過多」呢？

其實很簡單，做到以下四點就可以：

- **捨得留白。**
- **為用而學。**
- **敢於放慢。**
- **多用優化。**

第一節

捨得留白

改掉假勤奮，變成真用功

如果讓一個貪多的人畫畫，他一定會將畫紙畫滿，一點點空白都捨不得浪費。但藝術大師往往都是留白的大師。

例如，南宋傑出畫家馬遠繪製的《寒江獨釣圖》，整幅畫只在中間偏下的地方畫了一葉小舟，一位老翁在船頭俯身垂釣，船旁僅以淡墨寥寥數筆勾出水紋。雖然畫中留白處占整體畫面的三分之二，給人的感覺卻是煙波浩渺，滿幅皆水。

留白作為藝術創作中的一種常用手法，其精髓就在於給欣賞者留下了想像和再創造的空間，讓每個人都可以有自己的想像和理解。

藝術創作可以透過留白提升意境，計畫管理、自我管理也可以透過留白來提升品質。

一、計畫要留白

你在做計畫時，會不會給當天的每個時段都安排上內容呢？

我以前做計畫時就會這麼做，從早上幾點起床，中午幾點吃飯，到晚上幾點睡覺，每小時都安排得清清楚楚。

計畫做出來後，看起來特別周密，特別有效率（見圖1-1）。

計畫很豐滿，現實卻很骨感。看似安排得明白清楚的計畫，通常不到中午我就執行不下去了，因為各種意外層出不窮。

比如，我安排上午十點至十一點完成一份合作方案的擬定，但直到上午十點二十分，原計畫三十分鐘之前就應該結束的一個電話還在繼續。

而中午十一點至十二點我又安排了一個專案進度會，從下午一點半一直到晚上九點的工作內容也都安排好了。

週工作計畫								
	日期	11月30日	12月1日	12月2日	12月3日	12月4日	12月5日	12月6日
	時間	一	二	三	四	五	六	日
早	09:00—09:35	例會	例會	例會	例會	例會	學英語	學英語
	09:35—10:00	給A客戶撥打電話	×××	×××	×××	×××	×××	×××
	10:00—11:00	合作方案的擬定	×××	×××	×××	×××	×××	×××
	11:00—12:00	專案進度會	×××	×××	×××	×××	×××	×××
午	01:30—02:30	確認模組功能	×××	×××	×××	×××	×××	×××
	02:30—04:15	業務培訓	×××	×××	×××	×××	×××	×××
	04:15—05:15	合同整理	×××	×××	×××	×××	×××	×××
	05:15—06:00	給B客戶撥打電話	×××	×××	×××	×××	×××	×××
晚	06:30—07:15	測試新功能	×××	×××	×××	×××	×××	×××
	07:15—08:00	跟C客戶視訊	×××	×××	×××	×××	×××	×××
	08:00—09:00	工作總結	×××	×××	×××	×××	×××	×××

圖 1-1　周密安排的週工作計畫

這就意味著，只要錯過了上午十點至十一點這個時段，我就沒法做合作方案擬定這件事了，而這又是我今天最重要的事，因為對方在等著我將方案寄給他。

最後，我不得不臨時更改昨晚花了一小時精心編排的計畫，佔用下午的某個時段來擬定合作方案。

但與按原計畫在上午十點至十一點擬定這個方案相比，下午擬定合作方案，我的心理狀態完全不同。

上午做的話，我有一種一切都在計畫中的高昂心態；下午佔用做其他事項的時段來做，我心裡就很焦躁，覺得一切都失控了。

因為心理狀態不同，上午花一小時就能做到八十分的方案，下午花了二小時也只做到七十分的水準，而且還覺得很沮喪。

這就是計畫安排得太滿、不留白的壞處。

但如果換個做法，只做一個粗略的計畫，不僅用不著花一小時來制訂計畫，而且哪怕發生了同樣的意外，我的心理狀態也會截然不同。

比如，前一天晚上我只花五分鐘，就給第二天確定了三個主要事項：

- 上午九點半應邀打個電話。
- 上午十一點召開專案進度會。
- 寄合作方案給對方。

與之前的例子相同，第二天上午打電話的時長超出我的預期，拖到上午十點半還沒有結束，但這對我的心情毫無影響，因為我下午還有充足的時間來擬定合作方案。

下午一點半，我心情輕鬆地花四十五分鐘就完成了合作方案擬定，剩下的時間還可以靈活安排其他事項。

帶著當日主要事項已經完成的成就感，我不僅毫不焦躁，而且很有效率感，因此還可能完成更多的任務。

這就是計畫留白的好處。

做計畫學會留白，有以下兩個重要作用：

1. 要事第一，突出重點

如果當天有十件事要做，其中有一件事是要事，那麼當天哪怕只完成了這件要事，也遠遠好於做了其他九件事但沒完成這件要事。

要事之所以被稱為要事，就是因為完成它得到的收益，或沒完成它導致的損失，遠遠大於完成其他事情得到的結果。

一份留白的計畫，意味著將可以調配的時間和精力都分配給了要事，這樣更能保證要事的完成。

2. 計畫有彈性，增強可執行性

計畫其實是建立在預測基礎上的，也就是你有意識或無意識地假設了第二天的情況，然後基於這些情況做了安排。

但誰都沒有能力準確預測第二天的情況，就像我原計畫上午九點半至十點打完電話，結果到上午十點半電話都沒有打完。

但如果計畫裡有了百分之四十左右的留白時間，那麼就算電話時長拖延到上午十一點也不怕，因為我有足夠的留白時間來應對這一情況。

跟中看不中用的周密計畫相比，這樣的計畫更有可執行性。

二、自我管理要留白

我有一個很努力的朋友，每天都會把自己的時間排得滿滿的，哪怕某天只留了三十分鐘的空白時間，她都覺得很焦慮，覺得浪費了光陰。每次見到她，我都覺得她匆匆忙忙，沒有片刻停歇的時間。但即便如此，她仍不滿足。

有一次她問我，有什麼辦法可以早上五點就起床。她試了幾次都不行，太睏了。我問她晚上通常幾點睡覺，為什麼要早上五點起床？她說夜裡十二點睡覺，早起是為了延長工作時長，現在早上六點半才起床，覺得每天浪費了一個半小時太可惜了。

安排太滿，人就成了時間的「奴隸」，每天被各種事情趕著走，很容易陷入無效勞動的循環。

美國開國元勳之一班傑明．富蘭克林（Benjamin Franklin）提過一個「五小時原則」：週一至週五，每天給自己留一小時。平日哪怕再忙，他都會給自己「製造一小時的空白時間」，做些真正想做的事，或者什麼都不做。每天「偷懶」的這一小時，讓他得以一直高效工作，成就了一番了不起的事業。

美國心理學家阿摩司．特沃斯基（Amos Tversky）也曾說過：「保持一定程度的無所事事，一向是做出好研究的祕訣。」

這是因為大腦有兩種重要的思維模式：一種是聚焦模式，另一種是發散模式。聚焦模式是一種局部思維。它勤勤懇懇，老老實實，依靠專注力快速處理外部資訊。但弊端是，大腦處於聚焦模式時會偷懶，偏愛沿用固有經驗，視野也更受限，只看得到眼前，容易形成固定思維。

發散模式則是一種全域思維。當大腦處於發散模式時，可以看得更全面、更長遠，會靈光乍現，想出超級好點子。

方向對了，快一點慢一點只關乎量變；方向錯了，越努力越失敗，關乎本質。因此，為了避免只顧低頭拉車卻不小心走上錯路的情況，我們一定要允許自己有閒下來的時間，抬頭看看路。

正如小米科技創辦人雷軍所說，不要用戰術上的勤奮，掩蓋戰略上的懶惰。

第二節

為用而學 看似學得更少，實則用得更好

有時，貪多、拚命學很多東西，反而會導致工作與學習都被耽誤，其根源是因為資源錯配。

有些時間和精力本該用來做價值更高的事，結果被佔用了，這就會導致投入了資源，卻沒有相應的收穫，甚至造成了機會成本的損失。

比如，我帶過一個做外貿業務員的學員，他的銷售業績不錯，卻遲遲無法升職為外貿經理。其原因是他的英語口語太糟糕了，每次與外商面對面交流，雙方都會陷入「雞同鴨講」的尷尬。

他也非常清楚這是自己最大的缺點，但就是沒法投入足夠時間來改善。因為他怕在自己埋頭練習英語口語的時候，同齡人和時代會飛快發展，把他拋下。於是他拚命學了很多其他方面的知識，比如心理、寫作、時間管理、理財等。這些繁重的學習對突破他的工作瓶頸毫無幫助，他的英語口語依舊糟糕，無法從業務員的職位升職。

如果他將這些學習的時間和精力用在提高英語口語上，也許他早就升職、突破工作瓶頸了。

因此，要克服貪多的毛病，除了敢於留白，讓自己閒下來，還要敢於減少所學的內容，做到為用而學。

所謂**為用而學，就是從工作的實際需要出發，學習馬上就會用到的知識。**這麼做有以下三個好處：

好處一：工作與學習不衝突，合二為一

從工作需要出發，優先選擇學習的內容，意味著學習就是工作，工作就是學習，而且是比課堂學習更深刻、更具實操性的學習。

你可以透過以下兩個學習場景的差異對比感知。

場景一：你是一家公司的應收會計，你有一項工作是將散落在多個表格中的客戶資訊和該客戶的交易金額，合併到一張表中，要求一個客戶對應一條紀錄。

這段時間，你在學習Excel公式的同時，也在背誦英語單詞，你覺得你是更容易將公式用熟，還是更容易記住英語單詞？

顯然，你會將Excel公式掌握得很熟練，包括一些複雜的函數，因為你會在工作中不斷使用這些公式，工作過程就是學習強化的過程；而且工作之外，相較於背單詞，你也更願意繼續學習這些公式，因為工作上有需要，必須學會。

場景二：你跟我帶過的這位學員一樣，是一名外貿業務員，主要工作就是跟進公司的歐美客戶，透過郵件或電話向他們介紹產品、回饋和解釋訂單的進展。那你更有可能記住英語單詞，而不是Excel公式。

因為你會在工作中反覆使用這些英語單詞，而且在工作之餘也更有動力去背誦英語單詞，因為工作需要，所以你不得不學會和記住這些。

因此，只要你做到為用而學，就再也不用在學習時擔心工作沒完成，在工作時又擔心沒時間學習了，因為你的學習和工作是合二為一的。

好處二：在工作中自然重複，抵抗遺忘曲線

大腦是個特別容易忘事的儲存體，應對大腦忘事最好的方式就是多運用間隔性重複這一方法。

可是，這很難做到。

就以背英語單詞為例。

人人都知道每天背誦三十個新單詞，再將前一天背的單詞重複記憶一遍，三天後再重複一遍，七天後再重複一遍，十四天後再重複一遍，這樣就應該能記得比較牢固了。

但是，到了第四天的時候，還願意重複三天前背誦的英語單詞的人估計就很少了，因為這太枯燥、太麻煩了，還不如只背新單詞。結果就是背了後面、忘了前面。

但是，如果你是外貿業務員，情況就大不相同了。今天上午背的單詞，可能今天下午在與客戶電話交流時就用到了，明天在郵件裡可能又用了一遍，一週後又在與客戶的電話交流中用了一遍。

因此，如果能採用為用而學的策略，就不用再擔心大腦這個儲存體容易忘事，因為最常用的內容，它一定會幫你記得牢牢的。

好處三：避免淺層學習，更深入地掌握方法和技能

大腦很容易被虛假學習（比如點擊收藏）的滿足感欺騙，所以**很多時候，你的學習只停留在表層，即所謂的「一看就會，一做就廢」。**

就好比你學習如何下文章標題。

看了別人寫的一篇好文章，說文章標題做到「這最好（How）玩（Why）」，更容易吸引人點開來看。你看完這篇文章後很激動，趕緊收藏了，大腦也很滿足，感覺一下子就已經是下標高手了。

但真到了需要你下文章標題的時候，可能你連「這最好玩」是什麼都有些記不清了；即使記得「這最好玩」是什麼，也擬不出符合這個標準的標題。

可如果你為用而學，你的學習就不會只停留在表層，也就不會將文章收藏起來或大概瞭解文章內容，就不了了之，因為你手頭就有一篇文章等著你下標題，你不得不確確實實擬出一個符合「這最好玩」標準的標題出來。

當你擬出這個標題後，你會發現新問題：為什麼依然沒什麼人看我的文章呢？於是，為了解決這個新問題，你會更深入地學習，會發現除了標題格式要符合「這最好玩」，標題內容也要能切實滿足讀者的某個需求，如體現身分的需求、實用的需求等。因此，採用了為用而學的策略後，你就能更深入地掌握你所學習的方法和技能了。

知道了為用而學的這麼多優點，現在你可能會有一個新的疑問：到底要怎麼做，才能做到為用而學呢？

方法很簡單，只需要按照下面的三個步驟做就可以了。

步驟一：選問題，即選擇一個工作中要解決的問題

為用而學，要求學完後能立刻應用，因此你選擇的這個問題，一定是你正在解決或即將解決的問題。

比如，我馬上要錄製一段音訊課程，但是我對如何讓聲音聽起來更舒服不是很清楚，這時我就可以選擇「如何讓聲音聽起來更舒服」作為要解決的問題。

以解決問題為目的去選擇學習內容，就可以有效解決工作忙沒時間學習，或者學習後沒有實踐，無法真正掌握知識的問題。

步驟二：定範圍，即確定學習內容的範圍和順序

選擇好要解決的問題後，就要根據問題解決的迫切度和進度，確定學習內容的範圍和順序。

首先要根據問題解決的迫切度，確定學習內容的範圍。如果解決問題的時間比較充裕，那麼學習內容可以全面一點；如果解決問題的時間很緊迫，就要學習立刻能發

揮作用的具體方法或技能。

還以錄製音訊課程為例。如果這個音訊課程的錄製有一個月的時間，而且還有一週才開始，這時我就可以買幾本紙本書或一門課程，系統性地學習關於發音、音調、氣息、共鳴控制等方法技巧。

但如果下午就要開始錄製，而且當天就要完成，只有一小時左右的學習時間，這時，我就只能買電子書，直接翻查與「讓聲音聽起來更舒服」有關的方法，或者直接在網上搜索「讓聲音聽起來更舒服的技巧」，並選用其中可以直接上手應用的方法。

比如，我選擇的方法就是：坐直、放慢語速、想像你對面有個人。

確定學習內容的範圍後，還要根據問題解決的進度，確定學習內容的順序。如果解決問題的週期比較長，而且可以分為幾個階段來處理，就可以優先學習第一階段馬上就要用到的內容。

比如，做企業管理諮詢專案，一般大約要三個月，通常會分為現狀視察、方案設計、實施路線規劃三個階段。

假設，你現在被派去做一個關於二手車業務模式的諮詢專案，但你之前做的都是房地產項目，對二手車幾乎沒有瞭解。可是明天就要開始二手車的專案，在短短一天內要學完與二手車相關的知識根本就不可能。

在這種情況下，你可以先確定現狀視察階段要用到的二手車相關知識，比如二手車的產業鏈、二手車的行業環境、二手車當前的競爭格局以及二手車的發展趨勢等，優先學習這些內容以確保視察的順利開展。

在視察期間，再抓緊時間學習方案設計階段要用到的二手車相關知識，如二手車的定價策略、二手車的競拍策略、二手車的線下門市展店策略等。

定範圍這個步驟的關鍵，就是一定要控制住自己忍不住想學更多東西的衝動，緊緊圍繞問題解決的需要，來確定學習內容的範圍和順序，否則就會出現陷入學習中不能自拔的情況，導致以下兩個問題：

（1）耽誤了解決問題的時間

因為你能投入學習的時間資源有限，將寶貴資源花費在非急用的內容上，自然就會導致沒能及時學會急用的內容，無法解決眼前的問題。

（2）浪費了有限的時間和精力

學習的內容只要沒有被應用，絕大部分就會很快被忘記，將來要用的時候又要浪費時間和精力重新學習。

步驟三：實際用，即實際應用所學內容解決問題

不僅要學，更要知道如何在解決問題的實踐中應用所學內容。

一旦你採用了為用而學的策略，就會從解決問題的需要出發來找解決辦法，因此我不擔心你是否會應用所學內容，而是要提醒你如何應用。

在應用所學內容解決問題的時候，如果之前沒有這方面的經驗，第一遍一定要嚴格遵循所學方法或技能的指引，一絲不苟地套用。

為什麼呢？因為在你還沒有經驗的時候，只有嚴格地套用後，才能根據回饋結果證明這個方法是否有用，否則會永遠糾結是方法沒用還是你沒用好；只有嚴格地套用，才能真正理解所學的方法或技能，也才能知道如何根據實際情況改進這個方法或

技巧。

以依照「這最好玩」標準擬文章標題為例。如果一開始就加入了自己的理解，沒有嚴格遵循這個方法，也就是擬出的文章標題不完全符合「這最好玩」的標準，那麼如果文章閱讀量未達預期，你是認為自己沒有用好這個方法，還是認為這個方法本身不行呢？你很難給出正確的結論。

反之，如果你擬出的文章標題完全符合「這最好玩」的標準，而文章閱讀量依然不佳，這時你就可以得出結論：只符合這個標準還不夠，還需要考慮更多因素。

因此，在執行這個步驟時，切記：**如果沒有相關經驗，第一遍一定要嚴格遵循所學方法或技能的指引。**

貪多地學很多東西，看似很努力、很上進，但可能只是一種逃避行為：透過不停地展開新內容的淺層學習，收穫虛假的滿足，以此避開深層學習的困難和痛苦。

所以，**貪多學習可能是「偽努力」，為用而學才是「真用功」。**

透過「選問題↓定範圍↓實際用」這三步，你一定能做到為用而學，克服貪多的毛病，收穫三大好處：工作與學習不衝突，合二為一；在工作中自然重複，抵抗遺忘曲線；避免淺層學習，更深入地掌握方法和技能。

第三節

敢於放慢

似慢實快，真正學會學深

貪欲體現在數量上是「貪多」，體現在時間上則是「急於求成」。

透過留白和為用而學，你已經很好地解決了「貪多」的問題，下面就要解決「急於求成」的問題。

急於求成之所以會耽誤工作與學習，原因在於以下兩點：

原因一：投入不足，導致學而不牢

比如，某位學員在資料分析的學習上只花了十天。對數據採集、資料淨化、資料儲存、資料提取、資料採擷、資料展現、數據應用這些資料分析環節說得頭頭是道，就自以為掌握了資料分析技能。

但工作一安排下來，他連基礎的結構化查詢語言（Structured Query Language, SQL）都不能馬上寫出來，又何談掌握了資料分析技能呢？

原因二：心態急躁，導致半途而廢

有一個關於背單詞的故事。

有人掏出一本英文詞典，口出狂言：「一週之內，這本詞典上就沒有我不認識的單詞。」

然後他開始廢寢忘食地背單詞，晚上只睡三小時，第二天還特別亢奮，可這種亢奮只維持三天，到了第四天，一看到那本詞典，他內心就充滿抗拒，最後此事不了了之。

普通人經年累月才能學會的東西，他卻想在幾天內就掌握，能不半途而廢嗎？因此，**急於求成的人，因為急，往往能學會的東西也沒學會，能做好的工作也沒做好。**

要解決急於求成的問題也不難，只要敢於放慢就可以了。必要的慢，更契合學習的兩個客觀規律：

客觀規律一：最低投入強度

任何複雜內容的掌握，都有一個最低投入強度要求。以燒十鍋水為例，急於求成的人往往是這鍋水還沒燒開，就急著撤掉柴火去燒另一鍋水，另一鍋水還沒燒開，又急著回來給前一鍋加熱。

結果花了能燒開十鍋水的火力和時間，卻連一鍋水都沒燒開。

如果保證了適當的投入強度，先守著一鍋水把它燒開了，再去燒下一鍋，你會發現總體上使用的柴火更少、花的時間也更少，但燒開的水卻更多。

客觀規律二：學習曲線中的「高原期」

教育心理學中，有一個著名的學習曲線（見圖1-2）。

這個學習曲線，將學習過程分為三個階段：

1. 起始期

這個階段在曲線上表現為一條陡峭的斜線，代表你花很少的時間學習，就能快速掌握到一定程度的學習階段。

之所以會有這樣的表現，是因為這是剛開始學習的階段，往往出於新鮮感充滿了學習的動力，同時學習的內容也相對簡

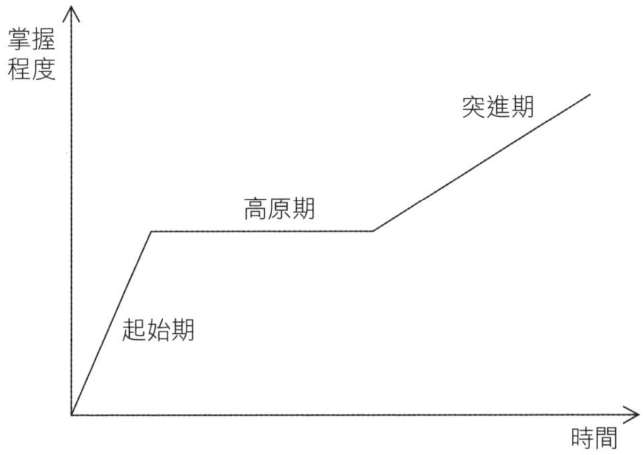

圖 1-2　學習曲線

單，因此進步速度最快。

吹噓自己一天就「學會」彈吉他的人，正是處於學習曲線的起始期階段。

2. 高原期

這個階段在曲線上表現為一條水平線，代表花了比起始期更多的時間，掌握程度卻沒有提高，甚至有時還有所下降的學習階段。

處於學習曲線的高原期時，不僅進步緩慢，學習也相當枯燥，因為需要不斷地重複卻得不到太多正向回饋。

高原期幾乎存在於所有學習之中。

例如，練習跑步時，開始稍微練一練，跑步速度和跑步距離就會有很大的提高，但之後就仿佛停滯不前了，即使繼續努力也成效不大。

學習英語更是如此。學上幾天，就可以說幾句如簡單的「早安」「見到你很高興」等，但到一定的水準後進步就停滯了，再怎麼努力英語水準也不見有明顯提高。

於是，你很可能就進入「堆沙子」的迴圈：這次沒學會，興趣沒了，先放在一邊；過一陣子似乎又有動力學了，再拿出來學一學，還是沒學會，再放在一邊，下次再學……絕大多數人的學習興趣基本就是在高原期階段喪失的。

3. 突進期

這個階段在曲線上表現為持續上升，但相較於起始期會更平緩地上升，代表雖然學習不像起始期那樣進步迅速，但掌握程度又開始隨著時間的投入逐步提高的學習階段。

突破高原期，進入突進期後，你就能充分感受到學習帶來的成就感和樂趣了，也只有到這個階段，才能胸有成竹地說「我學會了」。

但急於求成的話，肯定邁不過學習的高原期，繼而進入突進期，因為急於求成的人，看到投入時間學習卻沒有進步，甚至還有所倒退後，就會失去耐心不學了。

但成功往往來自再堅持一下。

只要選擇放慢，願意花更多的時間，就能順利度過高原期，進入突進期，做到真正的似慢實快。

關於似慢實快的價值，功夫巨星李小龍說過一句類似的話：「我不怕練一萬招的人，就怕把一招練一萬遍的人。」

為何李小龍不怕「練一萬招」的人呢？因為，練一萬招就意味著沒有足夠的時間將任何一招練到爐火純青，能夠度過高原期。

那他為何又怕「把一招練一萬遍的人」呢？因為，如果能將一招練一萬遍，就意味著這招的練習肯定度過了高原期，甚至深入突進期很久了。

在金庸的武俠小說《天龍八部》裡，慕容復和喬峰就是一個很好的對照。

慕容復武學淵博，瞭解各大門派的功夫，而喬峰只精通丐幫的降龍十八掌。

從字面上來看，喬峰會的慕容復都會，而慕容復會的喬峰卻不會，所以慕容復在武林中的名望比喬峰要高很多。

但二人一交手，卻讓人跌破眼鏡：慕容復的武功遠不如喬峰。

萬招會卻沒一招精的慕容復，就是徘徊在學習曲線中的高原期階段的典型寫照。

剛開始練每一招的時候，他也許很快就能練得有模有樣，但隨著對招式練習的不斷深入，就會遇到每一招的高原期，這時進步就會停滯，甚至倒退。

練一萬招的人往往耐不住枯燥的高原期，或者根本不知道高原期的存在，進步停滯就轉頭去練另一招，遇到高原期後又再去練下一招，如此往復。

所以，練一萬招的人，看似練了很多招，但他們每多練一招，不過是又多逃避了一次。又或者，他們只是停在了高原期，卻以為自己練會了。

看到這裡，你可能有疑問了：把一招練一萬遍，就一定會成為高手嗎？

如果練的方法不對，還真不一定。比如，我們日常都在講普通話，幾十年下來講的次數早就超過一萬次了，可很多人一開口依然帶著地方口音。

為什麼呢？

因為他們並沒有有效重複，只是在無意識重複。

有效重複，重複的是「有效」；而無意識重複，重複的是「盲目」。如果只是無意識重複，別說一萬遍，哪怕重複十萬遍、百萬遍，也不會有進步。

因此，「把一招練一萬遍」不是盲目地練，而是有目標、有方法、有正向回饋地有效重複。

一、練習要有目標

沒有目標，人就好似在海上隨風飄蕩的小木船，往哪個方向看都是一望無際的大海，失去了前進的方向和練習的動力。

因此，在你準備「把一招練一萬遍」的時候，首先要給自己設定一個目標。不要怕目標設定錯了，因為這個目標的價值不在於目標本身，而在於給一萬遍練習提供一個方向和可衡量的標準。

以YouCore的私教練習為例，在日回顧裡，我們會引導每位學員設定自己的總體目標、月度的階段目標，然後每天圍繞目標做回顧（見圖1-3）。

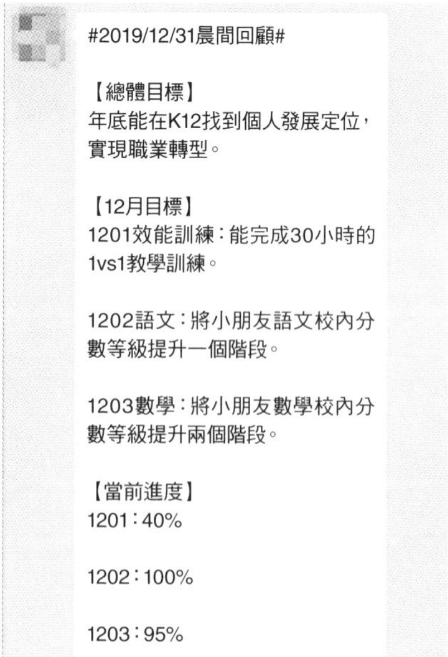

#2019/12/31晨間回顧#

【總體目標】
年底能在K12找到個人發展定位，實現職業轉型。

【12月目標】
1201效能訓練：能完成30小時的1vs1教學訓練。

1202語文：將小朋友語文校內分數等級提升一個階段。

1203數學：將小朋友數學校內分數等級提升兩個階段。

【當前進度】
1201：40%

1202：100%

1203：95%

圖 1-3　日回顧範例

有了方向和可衡量的標準，能看到每天的進步，練習的動力就會更強，練習的效果也會更好。

二、練習要有方法

我們在看武俠小說時，經常會發現名門大派的弟子的武功普遍會比小門派的弟子的武功高很多，甚至比某些小門派的師長武功還高。

為什麼名門大派的弟子的武功普遍會更高呢？其原因就是名門大派有更高品質的武功祕笈，比如武當有八卦掌、太極拳、梯雲縱；少林寺有龍爪手、羅漢拳、千手如來掌。正因為名門大派的練習方法更好，所以其弟子的武功會普遍更高。

因此，我們在練習某個技能時，最好也能找到某個更高效的方法，在同樣的練習強度下，用更高效的方法練習的效果會好很多。

還以YouCore的私教練習為例。在開始練習某個技能之前，我們會要求學員先學習高效的方法，再開始練習技能（見圖1-4）。

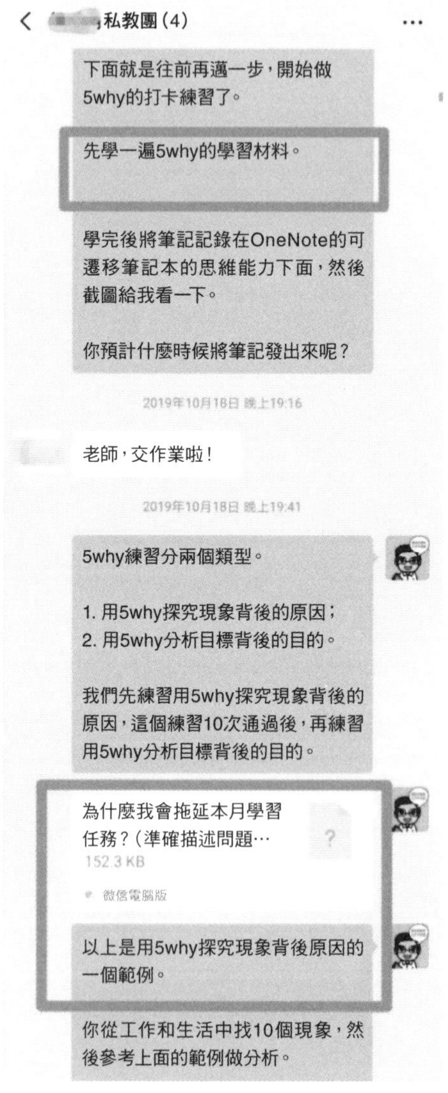
私教團(4)
下面就是往前再邁一步，開始做5why的打卡練習了。
先學一遍5why的學習材料。
學完後將筆記記錄在OneNote的可遷移筆記本的思維能力下面，然後截圖給我看一下。
你預計什麼時候將筆記發出來呢？
2019年10月18日 晚上19:16
老師，交作業啦！
2019年10月18日 晚上19:41
5why練習分兩個類型。
1. 用5why探究現象背後的原因；
2. 用5why分析目標背後的目的。
我們先練習用5why探究現象背後的原因，這個練習10次通過後，再練習用5why分析目標背後的目的。
為什麼我會拖延本月學習任務？(準確描述問題…
152.3 KB
微信電腦版
以上是用5why探究現象背後原因的一個範例。
你從工作和生活中找10個現象，然後參考上面的範例做分析。

圖 1-4　方法先行範例

三、練習要有回饋

最後，想要重複練習有效果，還必須有回饋，要知道自己錯在哪裡，下次該怎麼調整。

繼續以YouCore的私教練習為例。

私教學員每次提交練習後，都會進行結構化自評並得到老師的結構化回饋，這樣學員就知道自己哪裡做得好，哪裡還需要改進（見圖1-5）。

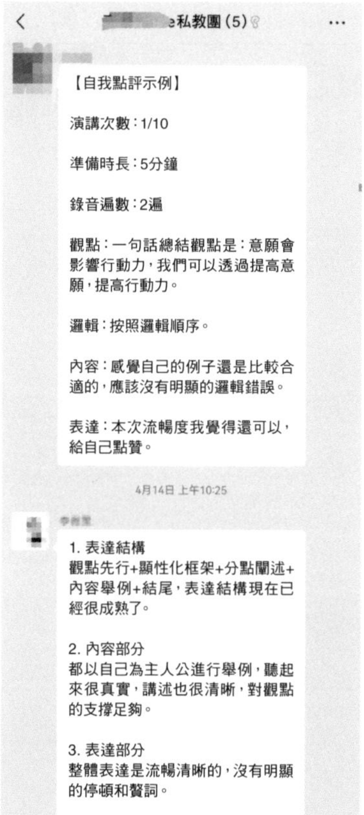
e私教團 (5)
【自我點評示例】
演講次數：1/10
準備時長：5分鐘
錄音遍數：2遍
觀點：一句話總結觀點是：意願會影響行動力，我們可以透過提高意願，提高行動力。
邏輯：按照邏輯順序。
內容：感覺自己的例子還是比較合適的，應該沒有明顯的邏輯錯誤。
表達：本次流暢度我覺得還可以，給自己點贊。
4月14日 上午10:25
1. 表達結構
觀點先行+顯性化框架+分點闡述+內容舉例+結尾，表達結構現在已經很成熟了。
2. 內容部分
都以自己為主人公進行舉例，聽起來很真實，講述也很清晰，對觀點的支撐足夠。
3. 表達部分
整體表達是流暢清晰的，沒有明顯的停頓和贅詞。

圖 1-5　自評與回饋範例

這裡的回饋，除了對練習內容的回饋，還關注了練習者的情緒和心理狀態，透過各種小技巧，幫助練習者更好地度過學習曲線中的高原期階段。

比如，在YouCore的私教練習中，老師會在練習者消沉的時候給他們鼓勵，在練習者信心不足的時候給他們表揚，在練習者懈怠的時候給他們壓力（見圖1-6）。

急於求成往往會「欲速則不達」，因為缺少最低強度的投入，也沒有耐心熬過

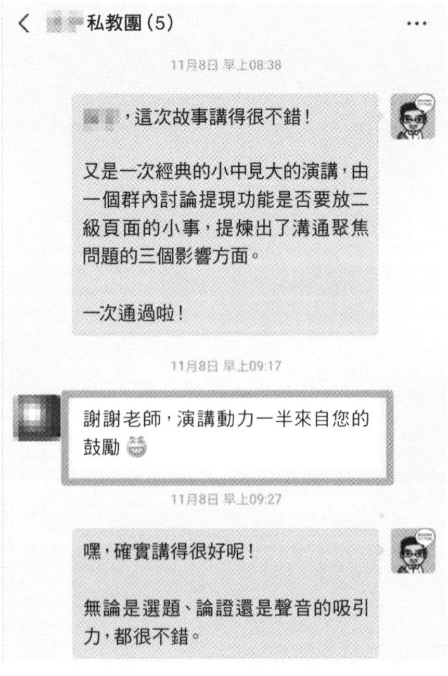

圖 1-6　情緒關注範例

學習曲線中的高原期階段，最終哪個方法或技能都學不精。

但如果敢於放慢，能夠沉下心來花足夠的時間，用明確目標——選對方法——用好回饋的高效方法，「把一招練一萬遍」貫徹到底，那麼不僅能度過高原期，還會不斷深入突進期，真正精通一個方法或技能，最終「似慢實快」！

第四節

運用優化 哪怕貪多求快，也能步步為營

前面介紹的留白、為用而學、放慢這三個方法肯定能幫你緩解貪多求快的心理。但如果你是貪多求快的重症患者，不敢留白、為用而學和放慢的話，你還可以用優化這個方法，它既能順應貪多求快的心理，又能做到聚焦當下，一步步行動。

那麼如何做到優化呢？

優化有兩種主要方式：由粗到細的優化和由小到大的優化。由粗到細的優化可以滿足貪多的心理；由小到大的優化可以滿足求快的心理。

一、利用由粗到細的優化滿足貪多心理

由粗到細的優化，是指先構建一個簡化的原型或框架，然後逐步完善和優化。

室內裝修就是這種優化方式的典型應用。

室內設計師通常先根據你的需求和想法，勾勒出一份粗線條的整體平面設計圖與你討論。經過裁剪和調整，確認整體平面設計圖後，再製作主要區域（如客廳）的效果圖，讓你確認配色和空間佈局是否符合預期。如果不符合預期，室內設計師便進行修改，在這個過程中可能還會反過來再調整整體平面設計圖（甚至推倒重來）。

配色和空間佈局滿足你的需求後，室內設計師會為你設計軟裝，如選擇沙發、燈具、掛畫的位置等。

經過這些由粗到細的優化，室內設計師最終能幫你完成裝修設計圖，你可以憑此找合適的施工團隊施工。

瞭解了什麼是由粗到細的優化後，你會發現這種優化方式可以容納你的各種想法，你想要的任何東西都可以先裝入一開始的簡化框架裡，因為這些東西並不需要一開始就付諸實踐，就像做夢一樣，夢裡你可以擁有一切。

但在充分滿足你貪多的心理之後，這種優化方式還能讓你回歸現實，更有行動力，因為夢做完後，就要開始下一步的細化任務。

二、利用由小到大的優化滿足求快心理

由小到大的優化是指先完成局部的核心功能或內容，然後逐步擴展，直至完成所有功能或內容。這種優化方式類似於拚圖，逐步拚接成完整的圖案。微信的產品開發就是這種優化方式的典型應用。

二〇一一年一月二十一日，微信剛推出時，其1.0版本僅有最基本的文字消息和圖片功能，如圖1-7所示。

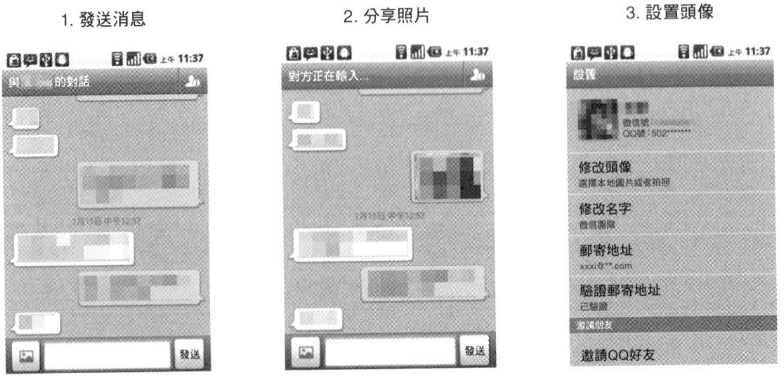

圖 1-7　微信 1.0 版本的基本功能

如今回顧，是不是覺得特別簡單？

到微信2.0版本，它增加了一個里程碑般的功能：語音對講，如圖1-8所示。

如今，透過持續的由小到大的優化，微信的功能已非常強大，幾乎涵蓋了生活、工作的絕大多數場景。

由小到大的優化之所以能滿足求快的心理，原因在於它會將龐大的目標分解為一系列從簡單到複雜的小目標。

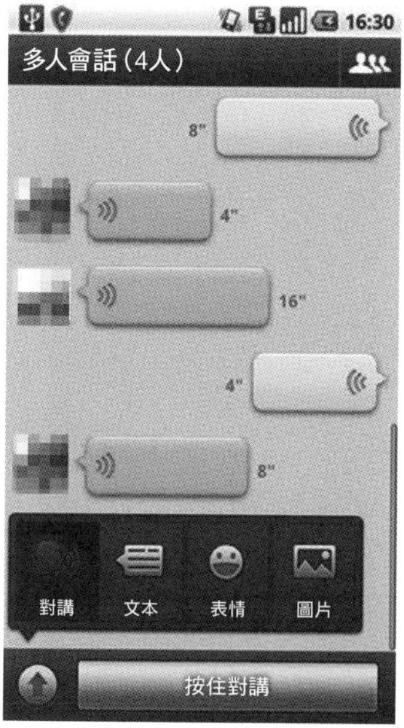

圖 1-8　微信 2.0 版本的新增功能

比如，在一個複雜課題的學習過程中，你可以將其拆分成多個子課題；在一個週期長達一年的專案中，你可以將這個專案拆分為多個階段的子專案。與耗費數月甚至數年才能完成的龐大目標相比，這種可迅速實現的小目標更能滿足求快的心理。

在使用由小到大的優化方式將龐大目標分解為小目標時，要特別留意一點：**確保每個小目標的實現週期不超過你的最長耐心**。

假如你的最長耐心是一天，那這個週期就不能超過一天；假如你的最長耐心是二小時，那這個週期就不能超過二小時。

以我帶過的一個學員為例，這位學員有段時間很抗拒私教練習，因為她保持耐心的時間很短，最長不能超過一小時，超過這個時長的練習任務，她就會一直拖延著不做。

針對她的特殊情況，我引導她將練習任務拆分得更細。比如，將一本書的閱讀任務，拆分為每個章節的閱讀子任務，每個子任務最長不超過一小時（三十～六十分鐘），一個子任務完成後，再回饋完成下一個子任務的截止時間，如圖1-9所示。

這樣拆分後，每個子任務週期都少於一小時，滿足了她求快的心理，所以她很樂意接受這些練習任務，再加上截止時間點的壓力，因此她完成每個子任務都很專注。

拖延了一週都沒看的書，一天內就讀完了，這也是她人生裡第一次做到一天讀完一本書。

這種效率越來越高的現象，就是美國心理學家亞伯特・班度拉（Albert Bandura）於二十世紀七〇年代提出的「自我效能感」的作用。

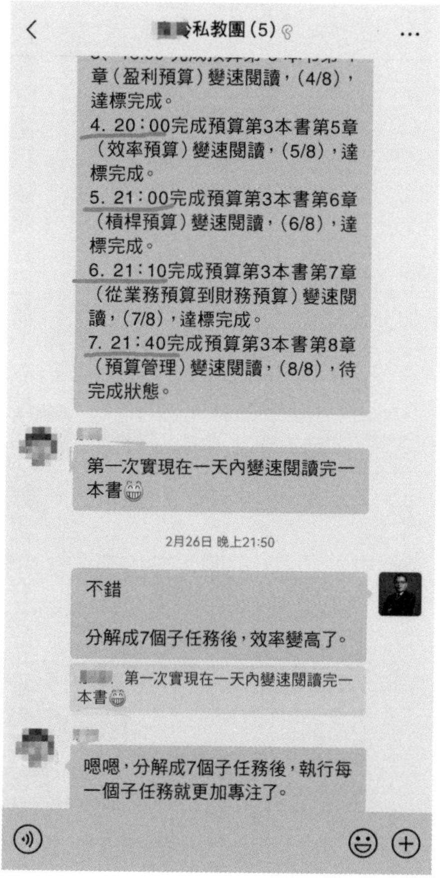

圖 1-9 實現週期很短的子任務拆分範例

自我效能感是指個體自己是否有能力完成某項任務或達成某個目標的自信程度。自我效能感的高低直接影響個體的動力、投入程度、耐心和信心。

透過由小到小的優化，一旦實現了第一個小目標，你會以更大的信心和熱情來實現第二個小目標，第二個小目標依然週期短、難度低，你同樣能夠很快取得小成果。這種短期速成的成果積累得越多，自我效能感就越強，信心與熱情就會越來越大。即便後續優化中遇到問題或挫折，也不會輕易退縮，甚至還能變得更有耐心，堅信努力終將有回報，因為之前你有過不斷成功的體驗，所以你會堅定地相信這次也會成功。

當你發現自己有強烈的貪多求快心理時，就可以刻意多用優化這個方法來做事。它既能滿足你貪多求快的心理，還能幫你不斷積累信心。

三、優化的兩大額外價值

優化除了可以在滿足貪多求快心理的同時，提升你的執行力和自我效能感，它還有兩個額外價值：避免方向偏差造成的浪費、保證最後輸出成果的品質。

1. 避免方向偏差造成的浪費

與優化相對立的工作方法叫作預定義流程控制。

在進行大型專案時，這種工作方法會在一開始花費數月制訂未來幾年的計畫，然後逐步執行。但在執行過程中，實際需求可能與原計畫相去甚遠。這時，大量時間和成本已經浪費，專案可能面臨嚴重延期、超支，甚至需要重新開始。

美國加州二〇〇八年規劃的高鐵專案便是一個典型例子，最初的六十億美元預算暴增至七百七十億美元，預計通車時間從二〇三三年推遲至不知道哪一天。

採用優化方法就可以有效避免這些風險，因為優化的第一輪只是最低強度的投入，只要發現計畫與實際需求偏差很大，就可以及時調整，從而大大減少進度延期和成本超支的風險。因此，優化的第一個額外價值是避免方向偏差造成的浪費。

2. 保證最後輸出成果的品質

優化的第二個額外價值是保證最後輸出成果的品質。

預定義流程控制要求一開始明確最終交付成果，並規定每個階段的工作。以給客戶做企業管理軟體為例，傳統的執行方法要求客戶在一開始就明確自己的業務需求，然後在工作說明書（SOW）裡白紙黑字寫清楚顧問公司只做這些雙方約定好的內容。

但企業的管理是複雜的，外部的經營環境也是在不斷變化的，幾乎沒有人能夠在一開始就預測好所有需求。因此，在傳統的執行方法下，幾乎百分之百的專案，在執行過程中都會發生顧問公司和客戶爭執不休的現象。

顧問公司堅持要按SOW的約定來做，如果要改就要額外加錢，因為他們已經在客戶現在不要的這些功能上做了很多工作；客戶堅持要免費按新的需求來做，因為SOW裡約定的最終交付成果不是客戶想要的。

在這種爭執之下，最終交付成果往往是雙方妥協的一個結果——勉強能用。但距離客戶的真正所需有較大差距。最終就是客戶不滿意，顧問公司也虧損（因為不得不承擔部分返工成本）。

但如果採用優化方法，則可確保雙方對最後輸出成果都感到滿意。每輪優化以最短時間、最低強度投入輸出階段成果，雙方快速確認該成果是否符合需求，即便遇到不可預見的變化，下一輪也可以迅速調整。這樣的優化方法能夠在專案過程中靈活應對變化，逐步優化輸出，保證最後輸出成果符合客戶需求和預期。

總之，優化方法不僅滿足了貪多求快的心理，提升了執行力和自我效能感，還能避免方向偏差造成的浪費、保證最後輸出成果的品質。

這麼好的做減法工具，是一定要用起來的。

本章小結與討論

我在YouCore官網裡發表過的文章，有不下十篇強調過成功的人通常是勤奮努力的，但他們也懂得何時應該休息，能夠在繁忙的工作中抽出一些時間來放空大腦，跳出眼前局面進行全域思考。

他們也學習各種知識，但會先做減法，更注重精通一個領域的知識後，再廣泛學習。因為，只有當你精通一個領域的知識後，才能更好地領悟學習的規律，之後再學習其他領域的知識也就更容易了。

如果你現在正努力學很多東西，學習過程中還急於求成，每天都安排得很滿，那麼建議你停一停，做一下減法。

不要把計畫排得太滿，要讓自己有一些空閒的時間；

為用而學，先學工作中需要的知識，不要急於與其他人攀比知識量；

給某項技能的學習多投入一些時間，再多一點耐心。

變得「閒」一點、「懶」一點、「慢」一點，這並非浪費時間，反而更能提高學習和工作的效率。

如果一時改不了貪多求快的毛病，可以多採用優化的方法，這個方法在滿足你貪多求快心理的同時，也能促使你腳踏實地、持續行動。

2 CHAPTER

減少過高期待

你會不會覺得，只要有能力、肯努力，事情就一定能做成，目標就一定能實現？

我年輕的時候就是這麼認為的，特別是在上學期間和開始工作的前兩年。

因為我發現，只要肯努力，學習成績馬上就會提升，工作也能做得更好，老師和主管的表揚、升職加薪接踵而來。

所以，看到某些人學習或工作得不好，我第一反應會是「他們可能不努力」。

可隨著我的職位越來越高，我對「努力一定能成功」這樣的話越來越感到懷疑。因為我發現，我明明更努力，但年底的業績反而比沒有我努力、能力也沒我強的一些人要差。

更關鍵的是，我與他們之間的差距並不是我能控制的。

因為我已經將客戶服務得很好了，不少客戶還主動寄了表揚信給公司來肯定我的服務，但他們很少會與我簽新訂單。而業績比我好的幾個同事，一個客戶的二期訂單就比我所有客戶的訂單總金額加起來還要高出一倍。

於是，我逐漸認識到，有時候「能力＋努力」並不一定能讓人達成目標、實現期待。

上學期間或從事執行層面的工作時，你學的內容和做的事都有高度確定性，所以只要你足夠努力，通常就能心想事成。

但隨著職位越來越高、做的事情越來越複雜，事情的不確定性也越來越高，這種不確定性是你無論怎麼努力、怎麼提升能力都很難控制的。

所以，我們要學會對期待做減法，特別是對不切實際的期待做減法。

在這一章裡，我們會逐一探討以下四點：

- **如何拒絕好高鶩遠。**
- **如何合理設定目標。**
- **如何降低對自我和他人的期待。**
- **如何承認運氣的制約。**

第一節

放下遠大夢想，聚焦當下持續成長

喜歡周星馳電影的人，估計會對他在《喜劇之王》裡的一句臺詞印象深刻：「做人如果沒有夢想，跟鹹魚有什麼分別？」

這句話傳遞了一個意思：夢想是好的，得有。

確實，夢想是個人對自己未來某種理想狀態或目標的期望，如果應用得當，對個人確實有目標導向、內在驅動的作用。

但如果應用不當，夢想不僅無益，反而有害。尤其是過於遠大的夢想，在人自我能力認知不清、行動力不足、容易因挫折而沮喪的情況下，其弊遠遠大於利，因為過於遠大的夢想會給我們普通人帶來以下四個弊端：

弊端一：降低動力

可能在你的認知裡，夢想最大的價值就是可以極大化地激發一個人的動力。但我為什麼說會降低動力呢？

能實現的夢想確實有激發動力的作用，但過於遠大的夢想往往實現週期長、實現難度大。對絕大多數普通人來說，這種過於遠大的夢想，除了做白日夢的時候偶爾想一想會激動一下，在剩下的時間裡基本對它無動於衷。

不信的話，你認為「我要成為全世界最自律的人」這個夢想，對你的動力有多大的激發作用？

這個夢想是能幫你停下玩遊戲的手指，還是能幫你挪開看短影音的目光呢？估計都不能。

但如果明天早上就有一場考試，則可以讓你拋開遊戲和短影音，乖乖地開始複習。

因此，對普通人來說，不設立過於遠大的夢想，而是聚焦最近的一個小目標，反而會更有動力。一個個小目標實現後，你再回頭一看，以前看似遙不可及的某個大目標已經不知不覺地實現了。

相反，如果天天想著距離遠大的夢想還有多遠，因為週期實在太長、差距實在太大，反而很有可能不願意努力了，就像夢想舀乾大海一樣，多舀一瓢少舀一瓢有什麼區別呢？反正對舀乾大海這個夢想來說都可以忽略不計。

弊端二：降低執行力

大腦很聰明，但也有不少缺陷。像大腦的獎勵機制，就分不清現實中的成果和想像中的成果。

對你透過努力考取了一個含金量十足的職業證書，與你只是躺在床上想像你拿到了這個證書的美好畫面，大腦都會感到很滿足，因為它會錯把想像中的成果，當作真正取得的成果。

夢想就是一種想像中的成果，當你幻想自己夢想實現時（比如升職到理想職位、找到了夢中情人等），大腦就會提前釋放獎勵信號，雖然你什麼都還沒做，但此刻大腦已經產生一種滿足感了。這種滿足感反而會削弱你在現實中努力實現夢想的執行力。

人類天生就有逃避不快、追逐快樂的本能。當你在當下的現實中感受到痛苦時，就更有可能不斷幻想各種夢想的實現，借此逃避現實。

我有個學員就是這樣的。

每天說著各種高大上的概念，夢想著自己功成名就的各種情形，就是不願意做好手頭的工作，用他的話說：「這份工作太簡單了，簡直就是浪費我的才華。」

但實際情況卻是，他因為工作做得馬馬虎虎，年年升職加薪都沒有他的份。他所謂的夢想，不過是用來逃避工作不順和自己無能的藉口，說得多了他將自己都騙得相信了而已。

所以，與其幻想著實現了遠大夢想，卻毫無行動，不如聚焦當下，一步步完成實現夢想所必須的步驟，可能最終得到的還會多於你曾經想都不敢想的。

弊端三：增加失敗可能

夢想會增加失敗可能，這可能又跟你原來的認知相悖。其實這個道理很簡單，如果夢想太過遠大，你會發現常規的做法根本沒有實現的可能，於是就會鋌而走險選擇風險更高的手段。

因此，對你我這樣的普通人來說，設定一個比自己能力邊界略高一些的目標，追逐到了，再設定下一個更高一點的目標，採用這種逐步追逐的模式，反而更能取得自己意想不到的大成就。

因為很多時候，等你追逐到第一個較低的目標後，你就會發現自己的能力邊界又擴展了，很多原先沒有的機會和資源也來了。

弊端四：增加不幸福感

遠大夢想的達成過程一定是無比曲折的，中間會遇到很多挑戰，必然會給你帶來巨大的壓力和各種挫折。這些壓力和挫折是轉化為更強大的前進動力，還是轉化為焦慮與沮喪，就跟不同人的心態、能力、所擁有的資源和所處階段有關了。

如果你是滿足下面四種條件的人，那麼遠大夢想帶來的壓力和挫折會更多轉化為動力。

1. 內在驅動力強

如果你具有強烈的內在驅動力，那麼遠大夢想可以給你提供強大的動力和激勵，即使面對挑戰也會保持信心和毅力。

2. 適應能力強

如果你能夠迅速適應不同的環境和情況，面對挫折時能及時調整策略，那麼你更容易克服遠大夢想帶來的壓力和挫折。

3. 勇於承擔風險

你敢於承擔風險並勇於嘗試，就算在追求遠大夢想的過程中遇到危險和風險，你也可以轉危為機。即使風險不幸發生了，也有足夠的勇氣來承擔。

4. 能力和資源匹配

你擁有實現遠大夢想所需的能力和資源，而不只是空想和幻想。

滿足上面四種條件的人並不多，每一個滿足這四種條件的人都是出類拔萃的。伊隆．馬斯克（Elon Musk）就是這樣的人，他「讓人類移民火星」的夢想，對絕大多數人來說都起不到驅動作用，因為壓力太大、風險太高、對能力和資源的要求近乎苛刻，但馬斯克擁有百折不撓，喜歡高壓和冒險的個性，反而能被這一遠大夢想激發出強大的內在驅動力。

除了滿足前述四種條件，如果你生活無憂、事業有成，但因階段性目標已實現而感到迷失方向，內心空虛、迷茫，不知道未來該做些什麼，那麼此時設定一個遠大夢想，並為之奮鬥，會讓你感受到更多的幸福。

但如果你既不具備前述四種條件，也不處於階段性的空虛迷茫中，這時設定遠大夢想只會徒增不幸福感。因為遇到挑戰和挫折後，你會壓力過大，陷入過度焦慮；看到夢想沒有實現，你會陷入失落和自責，覺得自己能力不行，從而影響自己的信心。

所以，**與其設定一個過高且籠統的遠大夢想，在「空想未來——現實失落——質疑自我——光想不做」的循環裡打轉，不如「聚焦當下——小小進步——做得更多——實現夢想」**。

如何做到聚焦當下，從多想轉為多做呢？你只要做到以下三個步驟即可。

步驟一：先做加法

允許自己擁有各種夢想，但要找一個大段時間來集中思考，將大腦中想做的事情用紙或者導圖全部寫出來，寫得越多越好。

這樣做可以釋放大腦中的想法，免得將來行動時猶豫不決，總覺得還有更重要的事沒做。

例如，你可以列出如下想法：

- **學會Python程式設計和軟體發展。**
- **掌握市場行銷技能。**
- **提高商業和管理技能。**
- **研發一款創新產品或服務。**
- **給創業項目找到投資。**

步驟二：再做減法

將所有的夢想歸類，分成工作、生活等不同類別，之後選擇要做的事情。劃掉對當前影響不大的事，最後只留下一件必須要做的重要的事。

例如，可以將目標分為兩類：個人技能提升和公司發展。

再將學會Python程式設計作為首要任務，因為產品的開發依賴於這個技能。

步驟三：逐步推進

將必須要做的這件事（學會Python程式設計）分解成多個階段的小目標。例如：

第一個月，學習Python基礎知識。

第二個月，熟練掌握Python語法和資料結構。

第三個月，完成一個Python項目。

如果你保持耐心的時間是一週，那就將上面的每月目標改成每週目標。然後聚焦當下，先完成第一個小目標。在這個例子中，就是在第一個月內學習Python基礎知識。當第一個小目標實現後，再聚焦下一個小目標，逐步推進。這樣將更容易實現夢想。

如果你還年輕，你會有無限可能，或者你的內在驅動力強、適應能力強、勇於承擔風險、能力和資源匹配，那我鼓勵你設定遠大夢想，並去瘋狂追逐夢想，因為人類的每一次進步都來自這些看似不可能實現的遠大夢想。

但如果你是一個有夢想卻不腳踏實地的人；或者是有夢想就會陷入夢想與現實的差距之中，只焦慮不行動的人；又或者是會為了實現夢想採取高風險手段，卻又不具備足夠的風險承擔能力的人，那我建議你先放下夢想，聚焦當下，做好手頭的每一件事。等這些事都做好了，你就會發現自己已經實現曾經以為高不可攀的夢想。

夢想並不是一個人取得成就的方式，它只是提供動力的方式之一。一個沒有夢想的人，同樣也可以取得不錯的成就，關鍵在於有沒有付諸行動，持續努力和不斷成長。

第二節

降低他人期待，解除沉重的枷鎖

放下遠大夢想是我們降低對自己的過高期待，那我們是不是可以接受來自他人的高期待，或者對他人提出高期待呢？

不久前，正好有位學員跟我訴說過這樣的事。

他的直屬主管為他設定了一個目標，然而這個目標對他來說無法完成。於是他如實回饋，表示這個目標不太合理。然而，他得到的回應是這樣的：

主管說：「之所以給你設定這個目標，是因為我對你有很高期待。目標沒有合理不合理之說，就看你有沒有決心！」「你對自己的期待難道就只有這麼一點點嗎？一個人的成就是不會超過他的目標的。」

他陷入了矛盾。

一方面，他覺得主管說的話好像很有道理；另一方面，他心裡沒底，還是不敢接受這個自己覺得肯定完成不了的目標。

「到底是哪裡出了問題呢？」他困惑地問我。

其實，有期待是對的，透過努力能實現的期待，有助於激發我們的潛力。但期待過高就不同了，如果是即使拚命努力都實現不了的期待，那麼這種期待無論對被期待者還是期待者來說，都是百害而無一利的。

一、過高期待的危害

1. 對被期待者的危害

（1）行為扭曲，急功近利

一個人無論是對自己有過高期待，還是承受別人的過高期待，都可能會因為以正

常手段難以達成目標，而背離客觀規律，去做一些投機取巧的事。

比如，一個人想在一年內將年收入從二十萬元提高到一百萬元，他很可能不會透過勤奮工作、長時間專注於某個專業領域來達成這個目標，而是會考慮走帶有運氣成分的所謂捷徑。他甚至會選擇從事一些非法的金融活動，雖然這些金融活動在短期內可能會給他帶來豐厚的回報，但最終會「竹籃打水一場空」，甚至給自己帶來牢獄之災。

（2）畏首畏尾，想贏怕輸

過高期待意味著幾乎沒有犯錯的機會。因為即使不犯任何錯誤，在過高期待下設定的目標都很難實現，哪怕只犯一點點錯，多消耗的那點時間或多增加的那點成本，都會導致目標無法達成。

因此，對自己抱有過高期待或承受他人過高期待的人，在行動時往往會畏首畏尾，想贏怕輸。既想放手一搏，又非常擔心失敗。在這種心態下，本來能夠成功的事情，也往往無法辦成。

（3）挫敗感帶來的自卑或消極

過高期待還會給人帶來一個巨大的危害，那就是會導致一個人產生自卑或消極情緒。

過高期待意味著你很難滿足自己或他人的期待。在這種情況下，你會在持續失敗後喪失自我效能感，要嘛變得對自己的能力缺乏信心，要嘛徹底放棄努力。

關於這一點，我有很深的體會。

在我指導的學員中，有些在工作兩年多後就升到較高職位，儘管與同齡人相比，他們的職業發展已經相當不錯了，他們卻對自己感到不滿意，甚至想著辭職。

相反，有些工作五年職位只升了一級的學員，卻更積極，更樂觀，對自己和未來充滿自信。

為什麼會有這種反差呢？因為前者處於一個超高期待的環境，覺得自己馬上就要滿三年工作經歷了，卻沒有繼續升職，感覺自己的表現很差；而後者在一個正常期待的環境中已經比較出色了，自然更加自信。

因此，超出個人能力的過高期待，不僅無法激勵你，反而會造成長期傷害。

2. 對期待者的危害

前面已經討論了承受自己或他人的過高期待的危害，那麼我們對他人抱有過高期待，是否也會帶來危害呢？

答案是肯定的，同樣有危害，這種危害主要表現在對人和對事兩個方面。

對人：影響人際關係的和諧。

過高的期待意味著對方基本上無法滿足你的期待。當別人無法滿足你的期待時，你很容易感到失望，而且期待越高，失望就越大，甚至可能因此產生怨氣。

比如，夫妻之間，妻子希望丈夫在結婚紀念日能與自己一起慶祝，但丈夫卻總是忘記結婚紀念日，久而久之，這種失望就會導致夫妻之間的關係變得緊張。

對事：影響做事的成功率。

你給別人安排的任務，通常是期望對方能夠完成的，甚至有些任務非常關鍵，一旦不能如期完成，就可能導致任務失敗。

如果你基於過高的期待為對方安排任務，那就意味著對方無法完成任務的機率非常大。從安排任務的那一刻起，這項任務實際上就等同於失敗了。

就像在足球比賽的點球大戰中，你要求一個從未踢過足球的人去罰中最關鍵的點球，失敗的結局在你提出要求的那一刻就已經注定。

二、產生過高期待的原因

既然過高期待會帶來諸多危害，為什麼還會不自覺地對自己和他人產生過高期待呢？

1. 對自我產生過高期待的原因

（1）後設認知能力偏低

後設認知能力主要是指對一個目標的難度進行正確評估的能力，以及對自身能力客觀評估的水準。

人在年輕時，很容易對自己有不切實際的期待。這是因為他們尚未進入社會，對工作情況、晉升空間等缺乏基本瞭解，難以正確評估自身能力。

另外，我們習慣性高估自身能力。這種習慣性高估讓我們對未來盲目樂觀。例如，百分之九十的司機都認為自己的駕駛技術在平均水準之上。

（2）受外部比較影響

有時，我們的自我定位在很大程度上是透過與他人的比較得出的。

例如，你現在覺得一個人的身高達到一百八十公分就算高個子，這是和國內的平均身高比較得出的結論。但如果未來人的平均身高達到一百八十五公分，那一百八十公分就是小個子了。

2. 對他人產生過高期待的原因

除了對自己有過高期待，我們也經常對他人抱有不切實際的過高期待。除了後設認知能力低這個原因，還有兩個重要原因導致這種現象。

（1）自身人格弱小

心理學上有個觀點：**對他人期待太高，是自身人格弱小的表現**。

由於自身人格弱小，我們會把部分自我功能「外包」給他人，期待他們滿足我們的需求，而不是透過自己的行動滿足自己的需求。這種心理在家庭和工作中都有所體現。

家庭中的例子：父母將全部希望寄託在子女身上，希望子女事事都很優秀，以此彌補自己未曾做到的遺憾。

工作中的例子：上司對能幹的下屬有不切實際的期待，認為下屬什麼都應該做到。然而，如果真有這樣的下屬，他們為何還需要你當領導呢？

（2）自身控制欲強

一些控制欲強的人也容易對受他們控制的人產生過高期待。這類人的期待主要基於自己的要求提出，而不考慮他人的實際情況。有些企業管理者就是如此。他們只關心員工是否能完成他們的要求，而不顧員工的實際能力以及所遇到的困難。

既然我們已經瞭解了對自己和他人產生過高期待的原因，那麼如何才能消除這些過高期待帶來的負面影響呢？

三、作為被期待者的三種應對方法

若你承受著他人過高的期待，可以根據下面三種不同情況採取不同對策。

1. 應對他人對你的能力的過高期待

曾有朋友向我抱怨，他的主管總是不斷給他的任務加碼，他咬緊牙關用了百分之一百二十的努力，好不容易才勉強完成了這個季度的業績，誰知主管將下個季度的業績目標又提高了百分之五十。後來他累得實在受不了，寧可放棄未發放的獎金，也堅決辭職了。

這就是未向主管傳遞正確的信號所導致的。因為每次主管提高要求後他總能完成任務，主管誤以為他還有潛力，殊不知，他早已竭盡全力了。

因此，若他人因誤判你的能力而對你產生過高期待，你應主動傳遞更清晰的信號，讓他們正確認識你的能力。要做到哪怕對方後設認知能力低，他也能清楚地知道哪些是你能做到的，哪些是你做不到的。

當然，無法滿足主管對你的最高期待是一件痛苦的事，但長痛不如短痛，如果不這麼做，最後很可能會造成你們之間關係的破裂。因為對方會認為，失敗不是因為他定的目標不合理，而是因為你沒有付出更多的努力。

2. 應對他人人格弱小產生的過高期待

處理這類期待更棘手，因為期待者常常無視你的實際能力，只根據他們的需求來要求你。拒絕時，你還需承擔道德壓力。

比如，有些父母會對孩子說：「我們犧牲一切都是為了你，你可千萬要爭氣，別被隔壁家的孩子比下去。」

面臨經營困境的老闆會和你說：「公司能不能經營下去就全靠你了，這個項目你一定要得到。」

面對這類期待，你要學會控制對方的期待，從一開始就不附和。對方經歷多次你的不附和後，自然不再對你抱有不切實際的過高期待。

3. 應對因強控制欲產生的過高期待

若對方有強烈的控制欲，不必期望他們對你產生合理期待，因為他們只關心自己的需求，而不考慮你的實際情況。

針對這類情況，長期來看，只要有機會你就要遠離這樣的人。短期內，你可以利用這種難得的高壓環境充分發掘自己的潛能，讓自己更快成長。但務必要留意的是，此時一定以個人的成長而不是結果的好壞作為主要衡量標準，以免自己因受挫而自卑。

四、作為期待者的兩種應對方法

若你是期待者，也可以針對自己對自我和他人產生過高期待的不同原因，適當調整自己的行為。

1. 提高自我的後設認知能力

更準確地評估自身能力和任務難度，降低對自己不合理的過高期待，不要明明十天才能完成的任務，偏偏期待自己三天就能完成，並且做好。

這種自我高期待並不是什麼優點，它只能證明你的後設認知能力低下。降低過高期待後，你任務完成的機率更高，身心也會更健康。

2. 合理控制因外部比較產生的欲望

絕大多數欲望都是透過外部比較產生的。

如果能減少外部比較的影響，更多地按自己的原則行事，你會發現再也不會因為不合理的自我高期待而焦慮或自卑，你會活得更輕鬆。

記住一點：**成功故事和種種光鮮的包裝之所以會吸引眼球，大多是因為這些事物很少見。因為少見，所以才會被廣泛宣傳。**

少見的個例宣傳多了，會讓你誤以為極小機率的事很容易做到，不合理的自我高期待就這樣被激發了。但其實你完全沒必要去和這種極小機率的事做外部比較。

3. 對任何人都不抱有過高期待

某論壇上曾有人問：開心的祕訣是什麼？

贊同數最高的回答：**永遠不要對任何人期待過高**。

無論是什麼原因產生的對他人的過高期待，都會對你的人際關係以及做事成功率產生負面影響。因此，最簡單的應對方式就是避免對任何人抱有過高期待。

這樣既能防止因人格弱小而產生依賴，也能避免因控制欲過強產生虛假的掌控感。

當你對他人沒有過高期待時，即使對方表現不盡如人意也不會影響你的狀態，甚至你還能從容面對。

有期待，能讓你做成很多原以為自己做不到的事，這是很有積極意義的，但期待過高則會毀掉一個人。

它會讓一個人因急於求成而急功近利、因不必要經受的挫折變得自卑、因過多的失望導致人際關係緊張、因不切實際的期待導致事情失敗。

所以，過高期待不僅不能給成功插上翅膀，反而會是困住你的一具沉重的枷鎖。

正如那句話：「**把期望降到最低，所有的遇見都是禮物。**」明白這個道理後，你會釋然很多，快樂很多。

第三節

無須目標實現，目標價值依然存在

前兩節探討了如何放下自己過於遠大的夢想，如何減少過高期待，其本質就是設定更實際的目標，但即便是這種已經降低期待後的目標，你沒能實現也沒有關係。

為什麼呢？

想像一下，你設定了一個年度目標，然而這個目標在年底並沒有實現，那麼這個目標是否依然有價值呢？

實際上，這個目標是否實現對這個目標的價值沒有直接影響。關鍵在於你如何去實現這個目標，這決定了目標的價值所在，即目標是否能讓你不斷提升。

目標的核心價值在於提供一個整合技能、知識和資源的「靶心」。只要你在實現目標的過程中提升了自己的綜合能力，即使目標沒有實現，也仍然具有價值。這正是「失敗是成功之母」的深層含義。

對剛踏入職場的年輕人來說，理解目標的核心價值尤為重要。因為你可能還不清楚自己的興趣和能力，很難設定未來十年甚至一生的目標。這時，從手頭的工作任務出發，設定一個月度、季度或半年的目標即可。關鍵在於這個目標能讓你全力以赴地學習新技能、新知識，並積累更多資源。

只要你這樣做了，同樣工作半年，其他人可能還在迷茫，而你的綜合能力已經得到了提升。

現在你明白了，目標的最大價值並不在於目標本身，而在於在實現它的過程中所獲得的能力提升和資源積累。然而，並非所有的目標都有這樣的作用。

那麼，什麼樣的目標才真正有這樣的作用呢？以下四個標準可以幫助你判斷。

一、高品質目標的四個標準

結合我多年的實踐經驗，並汲取馬里蘭大學教授愛德溫．洛克（Edwin Locke）的目標設置理論、心理學家愛德華．德西（Edward Deci）和理查．里安（Richard Ryan）的自我決定理論，以及亞伯特．班度拉的自我效能理論，我總結了高品質目標的四個標準。

1. 自主設定

目標設置理論強調對目標的承諾，這意味著設定目標後，你需要避免給自己留下降低或放棄目標的餘地。

因此，高品質目標的第一個標準是：這個目標源於你自己內心的渴望，而非外部的激勵或壓力。因為，基於外部原因設定的目標可能引發你內心的抵觸，遇到挫折時降低或放棄目標的可能性也會更高。

自我決定理論中的自我一致性（self-concordance）觀點也指出：如果目標與你的

內在興趣或核心價值觀一致，那麼實現目標的可能性更大。即使目標最終沒有實現，你也會感到滿足，因為努力的過程充滿了樂趣。

比如，你自主設定了一個社群媒體月導流一萬人的目標，與公司要求你做到月導流一萬人相比，前者的實現可能性更高。即使最後目標沒實現，你獲得的成就感也會更強烈。

2. 可衡量

目標必須是具體且可衡量的。眾所周知的「SMART原則」[1]就反覆強調目標應當明確、具體、可衡量。

目標設置理論的提出者愛德溫．洛克教授，在大量實驗室研究和現場調查後發現，明確的目標相較於「盡力而為」，更能提高工作績效。

因此，與「體重要比去年輕」相比，「每週減重一公斤，每月減重四公斤，以半年為週期」的目標更能幫你早日減重。

3. 有挑戰性

目標除了要可衡量，還需有挑戰性，也就是要「跳一跳」才搆得到。例如，若設定的目標是「半年瘦〇．一公斤」，那你壓根不用「跳」，「躺著」就能實現，這種容易實現的目標就不符合有挑戰性的要求。

目標設置理論指出，與容易實現的目標相比，接受有挑戰性的目標，你更可能：

集中注意力；

精力充沛；

堅持不懈地實現目標；

發現更有效的策略。

因此，雖然相較於「半年瘦〇．一公斤」，選擇「每週減重一公斤，每月減重四公斤」，會讓你的減重之路走得更坎坷，但你也會更有收穫。

註 1：明確的（Specific）、可衡量（Measurable）、可以實現（Achievable）、有關聯性（Relevant）和有時間性（Time-bound）。

4. 頻繁的回饋

高價值目標除了要自主設定、可衡量、有挑戰性，還需支援頻繁的目標執行回饋。頻繁回饋的目標可以讓你及時瞭解進展，從而增強自我效能感並持續推動目標實現。

例如，「每週減重一公斤」的目標可以讓你迅速瞭解減重進展。若本週減重進展良好，可繼續努力；若進展不佳，你也可以及時反思原因：是不是因為這週運動量不夠或者前天多吃了一頓燒烤？

這也是為何以季度為週期的OKR方法在互聯網公司比年度目標管理方法更受歡迎。

綜上所述，高品質的四個標準分別是：自主設定、可衡量、有挑戰性、頻繁的回饋。雖然在某些情況下，如主管給定的目標，你無法選擇「自主設定」，但後續我將提供一個解決方案，讓你在目標不是「自主設定」的情況下，也能良好地執行。

二、迅速制定高品質目標的四個步驟

現在你已瞭解高品質目標的四個標準，但這只是制定目標後的檢驗準則。那麼如何才能制定出這樣的高品質目標呢？遵循以下四個步驟，你將能輕鬆實現。

1. 確立定性目標

儘管高品質目標需要滿足可衡量這一標準，但開始卻很難直接達到。若過早關注目標的可衡量性，可能會導致目標設定偏離或過於侷限。

例如，原本希望「提升個人溝通能力」的目標，為了追求可衡量性，變成了「三個月後說服一個同事幫自己代班一次」。雖然有了量化的指標，但這與最初設定目標時的期望並不相符。

因此，首先需要確立定性目標。定性目標應回答：我要朝哪個方向發展？在確立定性目標時，可分為以下三個步驟：

（1）以動詞開頭寫做什麼

以動詞開頭，如提升、達到、創造等。例如，「提升溝通能力」。

（2）加上有挑戰性的程度

這個程度一定是以自己目前的能力和資源所達不到的。例如，你可以在「提升溝通能力」後面加上程度，變成「提升溝通能力到可以輕易打動人心的程度」。

（3）以可實現的標準修正目標

雖然目標應有挑戰性，但不能過於遙不可及。不要制定完全無法實現的目標，如「身體飛升至其他星球」。

「有挑戰性」與「可實現」沒有具體的量化標準，你自己心中認為是否有可能做到就是標準。從這個標準出發，可以將「提升溝通能力到可以輕易打動人心的程度」，改為「提升溝通能力到在提前準備的情況下，可以說服別人按自己的建議行事的程度」。

2. 用「5why法」[2]驗證目標的合理性

在確立定性目標後，你需要判斷這是否真正符合需求。一個有效的方法是使用「5why法」來追問自己追求目標的動機，若發現目標不符合需求，需回到上一步重新確立定性目標。在使用5why法驗證目標合理性的過程中，你還會收穫一個副產品：發現目標背後的驅動力。

在理想情況下，你制定的目標應源於個人興趣。例如，你天生善於交際，熱衷於與他人溝通，那麼「提升溝通能力」的驅動力便十分充足。然而，現實往往並非如此，許多想提升溝通能力的人可能不太喜歡與人交流，卻迫於工作壓力，不得不提升這方面的能力。

這類因外部原因制定的目標可能不符合高品質目標的「自主設定」標準，怎麼辨呢？

註2：「5why法」是指對一個問題連續多次追問為什麼，直到找出問題的根本原因。

解決方法也很簡單，就是將學習結果與你的本能欲望掛鉤。

拿很多人學不會做菜為例，如果你想要給愛人親手做一頓美味可口的晚餐，你是不是更容易學會做飯呢？

3. 拆解出定量目標

在確立定性目標後，需要拆解出定量目標。這些目標需回答：哪些指標能證明目標已實現？

以「提升溝通能力到在提前準備的情況下，可以說服別人按自己的建議行事的程度」這個目標為例，如何驗證你已實現目標？

這時，你可以結合實際工作情況，拆解出在一定期限內可衡量的目標（可用SMART原則來驗證）。

例如，設定不超過五個量化目標：一個月內，用不超過一小時完成溝通前的準備清單；二個月內，與同事或主管溝通時全部應用準備清單的內容；三個月內，至少讓團隊成員接受我提出的建議的百分之五十。

定量目標應有挑戰性，讓你「跳一跳」才能實現。拆解出定量目標後，高品質目標的可衡量標準就得以滿足了。

4. 週期性回饋和更新

在將定量目標拆解為在一定期限內可衡量的目標後，你還需檢查這些目標是否符合高品質目標的頻繁回饋標準。

例如，如果你的目標是「三個月內提升溝通能力」，但你拆解出的定量目標都需要三個月才能衡量，那麼這樣的目標就達不到頻繁回饋標準。你需要進一步將目標拆解為適合你的週期性檢查頻率。

假如你適合的週期性檢查頻率以月為單位，那麼第三步中拆解出的定量目標已經非常合適；如果你適合的週期性檢查頻率以週為單位，那麼你需要將第三步中拆解出的定量目標的回饋週期進一步調整到每週。

以「一個月內，用不超過一小時完成溝通前的準備清單」為例，可以將其調整為如下目標：

第一週可用不超過三小時完成溝通前的準備清單；

從第二週起每週減少一小時，直至不超過一小時。

經過這樣的調整，當你實現目標時會擁有更強的自我效能感，從而更有動力去堅持。週期性回饋和更新有助於確保目標的高品質，並讓你在實現目標的過程中有信心。

成為一個有目標的人對你來說具有巨大價值，然而這個價值並非僅來自目標是否實現，還在於在實現目標的過程中，你的能力和資源是否得到了提升和積累。

如果目標實現了，但你的能力和資源並未發生變化，那麼這個目標的實現就失去了意義。相反，即使目標沒有完全實現，但你在能力提升和資源積累方面取得了顯著成果，那麼這個目標便具有很高的價值。

因此，透過遵循制定高品質目標的四個步驟，你可以制定符合自主設定、可衡量、有挑戰性和頻繁回饋標準的高品質目標，從而使目標為你創造更大的價值。

第四節

承認運氣制約，可能更會好運連連

現在你也許已經清楚，一個人能否取得成就並不一定與他的夢想、期待或目標有必然聯繫。

既然夢想、期待和目標與能否取得成就沒有必然聯繫，那麼只剩下一個問題：是否個人有足夠的能力和努力，就一定會有所成就？

關於這個問題的答案，我們可以看看巴菲特二〇一七年致股東信中的一段話：

「假設有一千位經理人在年初進行市場預測，那麼至少有一位經理的預測很可能在未來連續九年裡都是正確的。當然，一千隻猴子中也有可能出現一個貌似無所不知的預言家。但二者間仍有區別：幸運的猴子不會遇到人們排隊找牠投資的情況。」

巴菲特所舉的猴子進行投資預測的例子有些抽象，我們可以再通俗易懂地解釋一下。

設想有一千隻猴子進行投資預測，猜錯就淘汰，猜對則下一年繼續猜。根據統計機率，每一輪大約有一半的猴子會被淘汰。因此，從一千隻猴子開始，約有五百隻猴子在第二年繼續預測，再經過一輪淘汰留下約二百五十隻猴子在第三年繼續預測，以此類推。

神奇的是，九年後，至少會有一隻猴子留下來！這隻猴子就是巴菲特在致股東信裡提及的「無所不知的預言家」，因為牠連續九年都做出了正確的投資預測，於是這隻猴子就被各路投資者崇拜了。

巴菲特舉的這個例子告訴我們：只要有足夠多的猴子，哪怕牠們沒有任何投資技能，也會有一些猴子因運氣而成為預測專家。

那麼，這是否意味著相較於能力和努力，運氣對我們的成功更加重要，因為它甚至可以塑造一個投資天才？

在回答這個問題之前，我們需要先弄清楚：運氣究竟是什麼？

一、運氣的本質是什麼？

有人解釋說，運氣是生命運動氣化規律的簡稱。從機率論角度看，運氣是「一種小機率事件」；從系統論角度看，運氣是「複雜系統的非線性體現」。

我認為，運氣的魅力恰恰就在於沒有規律。

1. 運氣是一種小機率事件

你對自己行動後的結果一般都有一個基本預期，例如，努力工作就會升職加薪，考不上大學生活可能會很艱難等。

這種預期本質上是一個大機率事件，因為自己過往的經驗或者大多數人的類似經歷，都說明了預期的這個結果更有可能發生。

然而，人類現在還無法確保一件事會百分之百發生，因為我們尚未洞悉宇宙最本質的規律。所以，哪怕只有百分之零點零零一的不確定性，也意味著意外仍會發生。

例如，有些人沒考上大學，卻在生意上獲得了成功。這種小機率事件的發生，在很多人眼中就被視為運氣好。諸如此類的例子還有很多。

比如，足球和籃球比賽中的奪冠大熱門爆冷輸球，就是一種小機率事件，在人們眼中就叫「運氣差」。

再比如，雙色球中獎的機率是一千七百多萬分之一，以這麼一個無限接近於零的機率中獎，在人們眼中就叫「走大運」。

2. 運氣是複雜系統的非線性體現

雖然機率論中的運氣成為現實的機率很小，但依然有跡可循。

比如雙色球總是有人中獎，體育比賽總是有人奪冠，只不過有時是不被看好的人奪冠。

然而，還有一種運氣是所有人都預見不到、完全無跡可尋的。

例如，在生物演化中人類的出現，或者蝴蝶效應。用系統論來解釋，這兩種運氣分別是複雜系統的湧現現象和混沌現象。

（1）湧現現象

簡單來說，湧現現象是指多個要素組成系統後，出現了系統組成前單個要素所不具有的性質。

比如，原本只有生物本能的一隻螞蟻，可以組成一個具有較高智慧的蟻群；又比如，一個個簡單的細胞，可以組成一個有高度智慧的人。

（2）混沌現象

簡單來說，混沌現象是指確定的系統可能產生隨機的結果（這是因為初始條件的極度敏感性）。

例如，在氣象學模型中，同樣輸入攝氏三十七點一度的初始條件，第一次計算結果可能是晴空萬里，第二次計算結果則可能是風雨交加。

複雜系統中的湧現現象和混沌現象，與你大腦通常採用的線性因果思維完全不一致，因此這兩種現象一旦發生就會被歸為運氣。

你所處的自然生態系統、社會系統都是複雜系統，甚至是複雜巨系統，因此不可避免地會有各種「運氣」式的湧現現象和混沌現象發生。

這也是為什麼作為傳統決策理論基礎的簡單線性因果關係模型，在複雜的市場環境中會失靈——在複雜系統下發生的各種事件的結果是無法預料的。

二、關於運氣的認知偏差

瞭解運氣的本質後，你也許就更容易理解以下兩點了。

1. 完全不含運氣的成功是不存在的

在複雜的社會系統中，自然會有各種湧現現象和混沌現象發生，而這些現象是否發生又是你不能控制的。因此，最終取得的成果多多少少都有運氣成分。

你所處的環境越複雜，取得的成果越多，其中的運氣成分就越大。

2. 運氣是不可以被依賴的

無論是機率論中的小機率事件，還是系統論中的湧現現象和混沌現象，都無法被預測到（能預測到就不是運氣了）。

因此，雖然客觀上成功都包含一定運氣成分，但主觀上依賴運氣的做法卻是完全不可取的。例如，守株待兔這樣純靠運氣的事我相信你是肯定不會去做的。

儘管這一道理淺顯易懂，但為何絕大多數人都無法客觀地看待成功呢？這個問題可以從社會心理學以及自我可控度兩個角度來解釋。

在社會心理學角度，有個很有趣的發現被稱為「自我服務偏差」，它是指人有一種將成功歸於內因，將失敗歸於外因的傾向。

例如，公司業績好，老闆會更多地將此歸因於自己領導有方；業績不佳，老闆則會歸因於下屬能力不足。

因此，人行好運時，哪怕某個成果主要是因為運氣因素取得的，他也更願意相信這一切都是靠自己的能力和努力爭取來的。

同理，一位長期諸事不順的人更有可能將此歸因於運氣差，感歎命運不公，因為相較於懷疑自身能力，向外歸因這種做法更容易解決認知上的失調。

在自我可控度角度，自我可控度越高，人就越容易忽略運氣的影響，更強調能力。

例如，一位初入職場的大學生更容易高看自己的能力。因為這時他所做的事情相對比較簡單和確定，受外部因素影響少，自我可控度高。

隨著一個人的職位越來越高，或者要處理的問題越來越複雜，其自我可控度就會越來越低，這時就更會看重運氣的因素。

因為他們認為，相較於個人能力，運氣對自己能否成功的影響更大。

三、如何看待運氣

在理解了運氣的本質以及對運氣的認知偏差之後，應該如何做呢？你可以參考下面三種方法：

1. 在規劃時，減少對好運氣的依賴，增加對壞運氣的防範

身處自然生態系統或社會系統中，總會遇到各種小機率事件、複雜系統中的湧現現象和混沌現象。這些事件和現象有時會帶來好運氣（例如中獎），有時則帶來壞運氣（例如過馬路時被車撞）。

然而，**無論是好運氣還是壞運氣，它們都是你無法控制的**。因此，在計畫做某事時，要儘量忽略好運氣的存在，並為可能出現的壞運氣做好風險準備。

例如，在創業籌備時，不能只按最小月開支成本準備不足六個月的資金，而是要按可能的最高月開支成本，至少備足十二至二十四個月的資金，為可能出現的壞運氣做足準備。這樣一來，創業成功的機率就相對更高。

2. 打造捕捉好運氣的必要基礎條件

雖然無法預知好運氣是否會降臨，但可以確定的是：如果連必要的基礎條件都不具備，好運氣即使降臨，我們也無法抓住。

就像你一直看好某檔股票，期待它能大漲。日復一日，年復一年，終於有一天這檔股票大漲了，但你卻沒有持這檔股票。

在這個例子中，提前買入這檔股票就是你抓住好運氣必要的基礎條件。

同樣，在職場中，你需要至少磨練好自己的思維能力、學習能力等核心基礎能力，才有可能抓住好運氣。

3. 坦然接受運氣帶來的各種結果

這是本節最重要的建議。你無法控制運氣，但你完全可以控制自己面對運氣的態度。

有時我們會遇到各種好運氣，此時要保持頭腦清醒，不要將好運氣視為可控且可持續的資源，因為下一次這樣的好運氣可能不再出現。而在運氣不佳的時候，更要堅定信念，冷靜面對困難。在這種情況下，我通常會告訴自己「謀事在人，成事在天」，盡情享受全力以赴努力的過程，而不過於擔憂運氣不佳帶來的結果。

只要你具備足夠的風險意識，不讓自己一次就被壞運氣擊得一蹶不振，那你成功的機率就會更高。

透過以上三種方法，你可以更好地對待運氣這一不可測的因素，為自己的成功創造更多的可能。

無論是否承認或是否意識到，**運氣始終伴隨在你左右，既有好運氣也有壞運氣**。承認能力和努力的侷限性，意識到運氣對個人成就的影響，你會發現自己遇到好運氣的機會不知不覺變多了，在遇到壞運氣時的抵抗能力也變得更強了。

本章小結與討論

由於認知偏限，我們往往誤以為要取得成就，必須樹立遠大夢想，對自己和他人抱有過高期待，目標必達。也許你還相信「人定勝天」的觀念。因此，你可能不斷給夢想、期待、目標和努力加碼，卻發現越是這樣做，越難以取得心目中的成就，最後陷入一個惡性循環。

這種困境並非只有你會遇到，我也曾深陷其中。就像我在剛創建YouCore官網時，就盲目地給剛從公司市場行銷職位轉型網路小編的員工，分配了首月新增三萬關注量的任務。因為我覺得我們要嘛不做，要做就得做百萬級關注的帳號。然而，當我意識到遠大夢想、過高期待、目標必達、「人定勝天」等，實際上都是建立在一定運氣的基礎之上，而且僅適用於那些具備強大內在驅動力、適應能力強、勇於承擔風險以及能力和資源匹配的少數人時，我成功地跳出了這種困境。

對你我這樣的普通人來說，更有效的方法是做好減法，聚焦當下、降低期待、不過分追求目標實現、認識到運氣的制約。這樣，我們反而能更好地拓展自己的能力和資源邊界，最終取得超出自己想像的成就。

3 CHAPTER

減少
過度消耗

你是否羨慕那些經常誇耀自己超級努力的「自律超人」？

他們聲稱每天只睡四小時，還會搬出拿破崙的所謂「男人每天睡六小時，女人睡七小時，而白癡睡八小時」名言。

此外，他們可以工作十六小時，午飯時間只要三分鐘。

不只是一天如此，他們號稱可以幾十年如一日地保持這種生活方式，絕對嚴格地執行，例如，無論發生什麼事，每天早上一律六點一分醒來。

先不論這些故事的真假，即使是真實的，這種方式也不適合普通人，僅僅適用於極少數天賦異稟的人。

以每天只睡四小時為例，因為基因的差異，確實有人只需要四小時的睡眠，但如果你也嘗試只睡四小時，那麼很可能不僅白天會昏昏沉沉，人也會變得非常暴躁、沒有耐心，什麼事都做不好。

而且長期睡眠不足，對生理和心理健康還會產生很大的傷害。因為人體組織的修復與再生、大腦神經元代謝產生的廢物排出，都需要在睡眠狀態下才能正常進行。長期缺乏睡眠的話，人體的免疫功能會受損、體內的炎症反應會增加、大腦神經元會損傷和死亡。

你看，少睡的三～四小時，不僅不能帶來好處，反而會降低效率、損害生理和心理健康。

正確的努力不是熬時間增加消耗，而應該是減少體力、腦力、情緒和意志力的消耗，以更充沛的體力、更敏銳的大腦、更穩定的情緒以及更強大的意志力，來完成更具挑戰性的任務。

第一節

減少體力消耗，讓精力更充沛

充沛的體力是成就任何事業的基本要素，體力過度消耗不僅會影響精力，甚至會傷害健康，阻礙事業目標的實現。

如何避免體力過度消耗呢？在睡覺、吃飯和運動這三件事上，我摸索出一些心得和經驗，在本節分享給你。

一、學會睡覺

睡眠不足會導致身體疲憊、注意力不集中、反應遲鈍、免疫力下降等問題。因此，要保持良好的體力，需要優先確保充足的睡眠時間和良好的睡眠品質。

1. 充足的睡眠時間：睡多久合適

睡多久合適，因人而異。

美國加州大學舊金山分校的傅嫈惠教授的實驗室發現，少數人因為體內的DEC2基因發生變異，每晚最短只需睡四小時就能得到足夠的休息——該研究結論於二〇〇九年被發表在《自然》雜誌上。但是這種基因變異非常罕見，大多數成年人每晚需要七～九小時的睡眠，才能保持身體健康和良好的體力水準。

不過，相較於睡眠時間，用睡眠週期來衡量合適的睡眠時間更為科學。

睡眠週期分為兩個階段：非快速眼動（non-rapid eye movement, NREM）睡眠和快速眼動（rapid eye movement, REM）睡眠。

前者包括四個階段，其中前兩個階段為淺睡眠，後兩個階段為深睡眠；後者只有一個階段，這個階段人的大腦活躍度高，會做夢，身體則完全放鬆，處於「癱瘓」狀態。

睡眠週期如圖3-1所示。

這個過程就像人在海中幾經沉浮一樣：

- **經過非快速眼動睡眠的一、二、三、四階段，身體逐漸沉入海底，從淺睡眠進入深睡眠。**
- **經過非快速眼動睡眠的三、二階段，身體逐漸浮上海面，進入快速眼動睡眠階段，這是第一個睡眠週期。**
- **繼續經過非快速眼動睡眠的二、三、四階段，身體又沉入海底，從淺睡眠進入深睡**

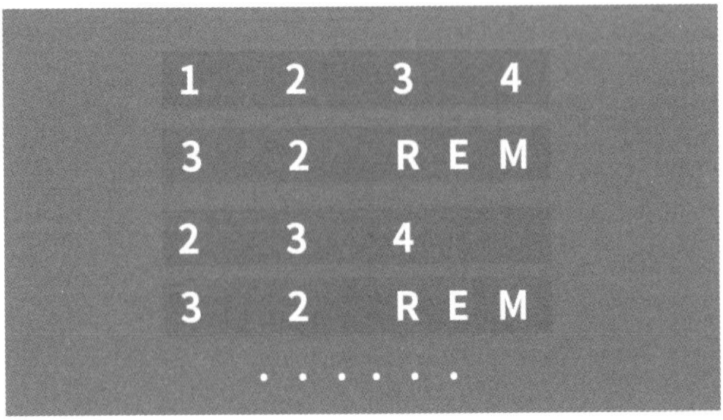

圖 3-1 睡眠週期示意圖

眠，再經過非快速眼動睡眠的三、二階段，身體再度浮上海面，進入快速眼動睡眠階段，這是第二個睡眠週期。

- **多次循環，經過三～六個睡眠週期，身體最後上岸，也就是睡醒了。**

第一個睡眠週期沉入海底的時間比較長，也就是非快速眼動睡眠占比較大，浮上海面的時間較短，也就是快速眼動睡眠的時間較短。

在之後的週期裡，沉入海底的時間越來越短，也就是非快速眼動睡眠越來越短，浮上海面時間越來越長，也就是快速眼動睡眠的時間越來越長。

這就是當你睡了很久，醒來以後感覺不停在做夢的原因，因為你基本上都處在快速眼動睡眠階段。

英超曼聯俱樂部御用運動睡眠教練尼克．力特赫斯（Nick Littlehales），在他的著作《世界第一的R90高效睡眠法》（*Sleep*）中提出了R90睡眠方案。他認為，**用時長九十分鐘的睡眠週期衡量睡眠時間，而不是睡了多少小時，更有助於提高睡眠品質**。

具體實現時，可以自行選擇入睡時間，但入睡時間取決於你的起床時間。從起床時間開始，根據時長九十分鐘的睡眠週期向後推算。

比如，每晚睡五個週期，每個週期時長九十分鐘，也就是七點五小時。如果你七點起床，那理想情況是前一天十一點半入睡，這樣你就不會在睡眠週期中被喚醒，令自己更加疲憊。

對大多數人來說，一週三十五個睡眠週期（每天五個週期，睡眠時長七點五小時）是相對理想的，二十八個睡眠週期（每天四個週期，睡眠時長六小時）是最低限度。

你可以參考這個睡眠週期區間，結合你的實際情況，靈活調整睡眠時長。瞭解了理想的睡眠時長是多久，就可以進一步探討如何提高睡眠品質。

2. 良好的睡眠品質：如何睡更好

最基本的方法，是形成自己的生理時鐘，不要總是打破自己的生理節奏，讓身體無所適從。

例如，你可以固定工作日七點起床，晚上十一點半上床，節假日七點半起床，晚上十二點上床。而不是今天六點起床，明天八點起床，後天又七點起床，讓身體無法形成生理時鐘。

在形成了生理時鐘後，你可以繼續對睡前、睡中、睡後三個階段做優化。

（1）睡前優化

除了喝熱牛奶、洗熱水澡、調暗燈光這些你知道的方法，還有一點要特別強調的是：**調節褪黑激素的分泌**。

第一，睡覺前一定要遠離藍光，也就是要避免睡前玩手機。因為藍光會抑制褪黑激素的分泌，提高人的靈敏度。回想一下，當你睡不著的時候打開手機看影片，是不是越看越有精神，一不小心就到天亮了。

第二，白天多曬日光。你現在知道睡眠品質和褪黑激素的分泌有關，但你可能不知道褪黑激素的合成又和血清素有關，而血清素會在受到陽光刺激的時候開始合成。因此，如果想提高睡眠品質，可以多曬曬太陽，比如早起在陽光下跑步、上下班時增加一段在陽光下走路的路程、中午在陽光下走路去吃午餐而不是叫外送。

（2）睡中優化

平時在家裡睡覺可能沒有什麼問題，因為睡眠環境都佈置好了。但如果出差要睡在火車臥鋪，這時該怎麼辦呢？

在這種環境下，就可以用上眼罩和耳塞了，這樣不管是亮光還是周圍人走來走去的雜訊，甚至是驚天動地的鼾聲都很難影響你。

我相信你使用眼罩肯定沒問題，但很多人使用耳塞的方法不對。我有朋友就說，他用耳塞一點效果都沒有，周圍的雜訊還是聽得到。這是因為他沒有掌握耳塞的正確使用方法。

使用耳塞的要點就是，**在將耳塞塞入耳朵之前，一定要將它搓細**，如圖3-2所示。

搓細後的耳塞塞入耳朵後，會膨脹回原來的形狀，這樣耳塞跟耳朵之間就沒有讓聲音漏進來的縫

圖 3-2　使用耳塞的要點

隙，你的世界一下就安靜了。

（3）睡後優化

睡後優化最關鍵的一點就是：**絕對不賴床**。

現在你已經知道，睡眠是有週期的，賴床只會增加一段中斷的睡眠週期，反而會讓你更疲勞。回想一下，醒了後再繼續睡時，是不是不斷做夢呢？

雖然知道了不賴床最好，但你可能會說：「我已經有賴床習慣了，確實起不來，怎麼辦呢？」

如果是這種情況，你可以為自己設定一個近在眼前的起床獎勵。比如，可以叫一份有保鮮要求的外送早餐，為了吃上美味的早餐，你就有動力快速起床了。

像上面建議的這樣，保證充足的睡眠時間、保持規律的睡眠週期、調節好褪黑激素的分泌、營造良好的睡眠環境，睡眠品質就會有所改善。

學會睡覺是避免體力過度消耗的第一個要求，接下來繼續來聊避免體力過度消耗的第二個要求：好好吃飯。

二、好好吃飯

如何才算做到好好吃飯呢？做到下面四點就算做到了：結構化飲食、習慣化進食、應對情緒性進食、應對社交聚餐挑戰。

1. 結構化飲食

結構化飲食，是指按食物的能量結構和三餐的不同側重點來吃。

（1）按食物的能量結構來吃

我們吃進各種食物，歸根結柢是為身體提供七大類營養素：碳水化合物、蛋白質、脂類、維生素、礦物質、膳食纖維和水。

這麼多營養素該怎麼吃才能全部攝入呢？

做起來其實很簡單，只要照著圖3-3來做就可以了。

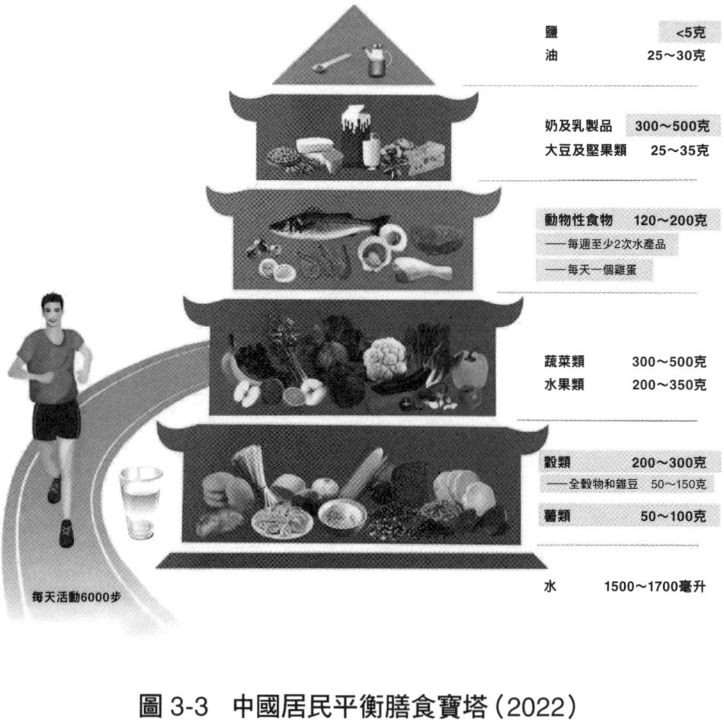

圖 3-3　中國居民平衡膳食寶塔（2022）

如果你依然覺得有些複雜，還可以參照營養師田雪提出的「211飲食法」。按每個人的拳頭大小確定每餐的食物量：二拳頭蔬菜、一手掌蛋白質、一拳頭主食。這樣吃不僅能吃飽，也能滿足身體對各類營養素的需求，保證精力充沛。

值得注意的是，任何時候都要少吃高糖食物（這裡指人工加糖食物，如奶茶、冰淇淋、蛋糕等）。

你可能知道高糖食物容易導致肥胖，但你不知道的是，含糖量高的食物還有三大危害：

①對大腦有害，會影響集中注意力和保持情緒穩定；

②加速衰老；

③破壞身體激素平衡，臉上容易長痘。

（2）按三餐的不同側重點吃

● **早餐：一定要吃，而且要吃好。**

在吃早餐之前，已經有十小時左右沒有進食，完全是空腹狀態，此時血糖很低。低血糖將影響大腦能量供應，進而影響大腦的狀態和思考能力，對整個上午的學習和工作效率產生不良影響。

因此早餐的側重點就是使血糖升至正常水準，碳水化合物、蛋白質、維生素這三類營養素需要有足夠量的供應。

具體的飲食結構和數量，可以參考一百克碳水（麵包、麵食或稀飯）、二百克牛奶、五十克雞蛋、一百克水果或者一百五十克蔬菜沙拉。

營養科醫師夏萌在《你是你吃出來的》這本書中，提供了六種符合以上飲食結構要求的早餐組合，可以將它們用作你的早餐食譜。

四種中式早餐組合如下：

第一種：包子（碳水化合物）＋雞蛋（蛋白質）＋蔬果汁（維生素＋膳食纖維）。

第二種：烙餅（碳水化合物）＋雞蛋、牛奶（蛋白質）＋水果（維生素＋膳食纖維）。

第三種：火燒（碳水化合物）＋雞蛋、肉類、豆漿（蛋白質）＋蔬菜（維生素＋膳食纖維）。

第四種：五穀雜糧飯（碳水化合物）＋雞蛋、牛奶（蛋白質）＋水果（維生素＋

膳食纖維）。

兩種西式早餐組合如下：

第一種：全麥麵包（碳水化合物）＋火腿、雞蛋（蛋白質）＋蔬果汁（維生素＋膳食纖維）。

第二種：馬鈴薯（碳水化合物）＋雞蛋、牛奶（蛋白質）＋蔬果汁（維生素＋膳食纖維）。

● 午餐：遵循「三足鼎立」原則。

午餐的關鍵同樣在於搭配好飲食。

營養科醫師夏萌建議遵循「三足鼎立」原則，即讓蔬菜占據餐盤的一半，蛋白質類食物（如魚蝦、牛肉、雞肉、瘦豬肉）占餐盤的四分之一，主食類食物（如米飯、麵條、饅頭等碳水化合物）占餐盤的四分之一。

或者，可以簡單地記住多吃魚肉、蔬菜，少吃一點米飯或麵食（或者將主食改成地瓜、馬鈴薯這些富含膳食纖維的粗糧），這樣既保證了營養均衡，又讓你在下午的工作中沒那麼容易疲勞。

● **晚餐：要清淡、低蛋白。**

晚餐同樣需要遵循平衡膳食的原則，即應包含蛋白質、碳水化合物和維生素。從保持精力充沛和促進睡眠的角度來看，晚餐更適合選擇清淡、低蛋白的食物。

在晚餐中應避免食用含咖啡因的食物、豆類食物和辛辣食物，這些食物會刺激神經系統，進而影響睡眠。

另外，晚餐的進食時間也需要注意。如果通常在十一點左右睡覺，那麼六點至八點之間吃晚餐最合適。八點後最好不再進食，如果實在感到饑餓，可以喝一些牛奶或優酪乳。

2. 習慣化進食

知道如何進行結構化飲食後，如何能日復一日地堅持下來呢？方法就是，**有意識地去調教腸道菌群**。

腸道菌群裡藏著過往喜歡吃的各種食物，之所以你愛吃這個、不愛吃那個，就是你的腸道菌群在向大腦傳遞信號「我現在想吃……」。

腸道菌群對大腦的控制遠遠超過你的自控力。我有個朋友特別喜歡吃辣條，她加班累了只需吃一包辣條就能恢復活力，讓她戒辣條簡直比登天還難。

因此，如果違背腸道菌群的飲食習慣，想一步到位改過來，大多會因為忍不住而失敗。比如：

想減肥少吃米飯，可菜太下飯，於是你吃掉兩大碗米飯，想著下頓再少吃米飯……

想戒零食，忍得太辛苦，於是看吃播影片解饞，結果讓你迅速下單買了一堆餅乾和辣條，吃完這些再戒吧……

更順應飲食習慣，也更能長期堅持下來的做法，是將你的腸道菌群調教成喜歡有營養的健康食物，而不喜歡有大量添加物的各種食品。

簡單又行之有效的方法是參考食品配料表選擇食品。

在理想情況下，吃純天然的食物當然是最好的，但日常難免會買一些半加工的食品。

你可以透過查看食品包裝上的配料表，選擇營養結構更符合要求的食品，避免被商品名稱和廣告誤導。食品包裝上的配料表標示出的成分是按照含量從高到低排列的，也就是說，排在第一位的成分加入的量最多，排在第二位的次之，以此類推。

以一瓶奶製飲品為例，如果食品添加物的位置靠前，甚至排在其主要原料（如牛奶、水）前，那就說明食品添加物含量比較高，需要慎重考慮是否購買。

再例如，購買全麥麵包。

一個是「低糖全麥麵包」，配料表為：麵粉、水、人造奶油、酵母、鹽、全麥粉，麵包改良劑……

另一個是「全麥切片麵包」，配料表為：全麥粉、水、雞蛋、奶油、無糖改良劑、酵母、鹽……

你會發現，第一種全麥麵包中全麥粉的含量比鹽還要少，哪裡能稱之為「全麥麵包」，你自然就明白該購買哪一種了。

3. 應對情緒性進食

知道了結構化飲食，也學會了如何養成習慣化進食，不出意外的話，你已經可以很好地控制飲食了。

但你的飲食需求不僅僅是為了滿足生理需求，還與你的情緒緊密相連。在生活壓力大或感到疲憊時，你可能會本能地尋求食物來滿足情感需求，從而緩解壓力，這就是情緒性進食。

情緒性進食並不是為了滿足生理需求，而是為了滿足情感需求，讓你在得到情感滿足後更有精力去努力。要應對情緒性進食，可以嘗試下面兩種方法：

（1）找到情緒性進食的誘因

當你發現自己在非正餐時間想吃東西時，停下來想一想，是真的餓了還是有其他原因，比如壓力、疲勞、挫敗感等。

找到誘因後，可以採取適當的應對措施，如休息、聽音樂、喝茶等，幫助自己平穩情緒。

（2）選擇健康零食替代不健康零食

如果覺得完全戒掉零食會讓生活變得乏味，可以嘗試用健康零食替代不健康的零食。例如，可以在下午茶時用一杯美式咖啡替代蛋糕；或者選擇高蛋白的零食，如牛肉乾；也可以參考營養專家的建議，選擇一些低脂零食，如脆乾棗、水果乾等。

允許自己在真正想吃零食時去享受，不再糾結於「吃與不吃」的問題，反而會減輕情緒上的壓力。這樣一來，你會發現情緒性進食的次數逐漸減少。

情緒性進食並非完全有害，應對方法是要學會尋找平衡。可以試著在滿足自己情緒需求的同時，關注自己的健康需求。當你掌握了如何平衡這兩者之間的關係後，你會發現自己在日常飲食上有了更好的控制力。

4. 應對社交聚餐挑戰

上面三點都做到，日常飲食就基本控制好了。

但如果身邊有一群喜歡聚餐的朋友，那麼控制日常飲食就有難度了。

比如，晚上想少吃點時，他們會邀你聚餐；到了深夜，他們會叫你一起吃宵夜，或者在朋友圈發美食圖片讓你恨不得馬上點外送。

拒絕外因導致的不健康飲食習慣的最理想方法，當然是盡可能避開朋友的誘惑，多在家吃飯。但人作為社會性動物，除了健康需求，總得要照顧到社交需求。不得不聚餐社交時，可以採取下面三種方法：

（1）提前適量進食

不要等到十分饑餓時才去參加聚餐，這會讓你更容易受到美食的誘惑，而且會導致吃得更多。

在聚餐前，可以先吃一些健康飽腹的食物，比如吃點水果等。

（2）學會點菜

儘量選擇口味良好且烹飪方式較健康的餐廳，如以蒸煮、少油炸為主的餐廳，在火鍋店聚餐的話，就點鴛鴦火鍋，吃清湯鍋底。

若無法選擇餐廳，也可以儘量選擇吃健康的食物，比如蔬菜、海鮮等低脂肪、低熱量的食物。

這樣既能與朋友們愉快地聚餐，又能吃得很健康。

（3）掌握飲食的順序

吃飯時，先吃蔬菜，再吃魚、蝦、肉等蛋白質，最後再吃主食。

這樣的食物攝入順序可以讓你先攝取蔬菜中的纖維素，有助於控制食量；然後攝取富含蛋白質的食物，幫助保持飽腹感；最後再吃主食，防止過度攝入碳水化合物。

雖然每個人都需要吃飯，但會吃飯卻需要學習和實踐。

你可以規劃自己三餐的飲食結構（採用結構化飲食），養成良好的飲食習慣（實現習慣化進食），在此基礎上用健康零食替代不利於健康的零食，以應對情緒性飲食。面對難以避免的社交聚餐，可以在參加聚餐前適量進食、點健康的食物，以及掌握食物攝入的順序。

好好吃飯是保持好體力的第二個要求，接下來我們繼續來講保持好體力的第三個要求：愛上運動。

三、愛上運動

腦力勞動久了和體力勞動久了都會累，但兩者的累大不相同。

體力勞動的累，源於身體的高強度運動，在體內產生了大量酸性物質導致疲勞。此時，如果再透過運動來休息，那就是雪上加霜了，這時躺下來靜養和睡覺，是最佳的休息方式。

腦力勞動的累，更多是大腦皮質處於極度興奮狀態，而身體卻處於低興奮狀態的累。這種累，主要是由於長時間做大腦持續活躍，身體卻相對靜止的工作導致的。例如，一天內趕場參加了四、五個會議；一個上午，坐在座位上用電腦和手機不停回覆不同人的消息等。

這種累，主要是因為身體運動不足，供不上大腦所需的糖分和血氧導致的，所以解決辦法就不能是靜養和睡覺，而是運動，特別是有氧運動。比如，跑步、游泳、越野滑雪、長距離划船、騎單車等運動。

一定強度的有氧運動，會讓身體產生一種被稱為腦內啡的激素。這種激素能讓大腦產生愉悅的感覺。這就是在有氧運動成為習慣後會讓人上癮的原因，像習慣了跑步的人，一段時間不跑就會全身不自在。

腦內啡除了能讓人產生愉悅的感覺，更重要的是，它還有調節體溫和呼吸、擴張心血管等生理功能。這些生理功能，對緩解大腦極度興奮、身體低興奮的累，有很大幫助。

因為運動後，體溫升高，身體的新陳代謝加快，能帶走疲勞感；心血管擴張和呼吸量加大，血液裡攜帶的氧氣量增加，能給大腦提供更多血氧，支撐大腦的持續興奮狀態。

現在你知道運動，特別是有氧運動，對緩解腦力勞動的累很有幫助了，但你可能還是畏難不想動。因為在印象裡，運動總是讓人氣喘吁吁、汗流浹背。

這其實是對運動的一種誤解。**運動並不是越累越好，而是要掌握好合適的運動強度**，如果運動強度設置合理，運動不僅不會讓人感到累，反而會輕鬆到讓人「上癮」，讓你愛上運動。

下面分享的兩步運動法，無論工作有多忙、運動基礎有多薄弱，都能輕鬆做到。

● 第一步：喚醒久坐的軀體。

從事腦力勞動時，往往久坐不動，但身體其實並不適應長期靜止的狀態，久坐之後，不僅精力下降，而且對身體健康也非常不利。

原因是，心臟和遍布全身的血管組成了心血管系統，心臟透過持續不間斷的跳動，把富含氧氣的血液不斷輸送到身體各個部位，並且將各個部位產生的代謝廢物和有害物質帶到相應的器官以排出體外，從而維持人體的各項機能正常運轉。但長期久坐，會對心肺功能造成傷害，導致心肌無法將富含氧氣的血液輸送給軀體和大腦，於是大腦就開始昏昏沉沉、四肢感到麻木沉重。

因此，動起來的第一步就是要喚醒久坐的軀體，多站起來走一走。

可能你會說：「我工作很忙，沒有站起來走動的機會。」

其實只要有心做這件事，方法還是很多的。

例如：用走樓梯代替搭電梯；把車停在停車場最裡面；午餐後繞著辦公大樓散散步。

即使很趕時間，只能全天在辦公室裡辦公，上面三個方法都用不上，也依然有多站起來走一走的方法。

我有個朋友，他每天開車上下班，吃飯也是叫外送，但他利用開會的時間來回踱步，走來走去找其他部門同事溝通工作，每天竟然能走一萬步。

所以，**辦法總比困難多，哪怕足不出戶，也能走上一萬步！**

只要做到了多站起來走一走，久坐帶來的心肺功能的過度消耗就會緩解，精力就會有很大的提升。

● 第二步：控制好運動心率。

能多走一走，改變久坐的狀態後，就可以再進一步，適度提高運動強度。所謂的運動強度不是運動有多快、有多久，而是將心率控制在一個合理的區間。

普通的職場工作者跟運動員或健身愛好者不同，運動的主要目的不是增肌、塑形，而是鍛煉心肺功能。鍛煉心肺功能，同樣不需要氣喘吁吁的高強度運動，只要讓心率持續處於一個高於日常心率的區間就可以了。

一般人在安靜狀態下的日常心率是六十～一百次／分鐘，所以運動心率只要高於一百次／分鐘即可，一般建議保持在一百零七～一百二十五次／分鐘之間[3]。按這個心率來運動，會覺得很舒適，不會感覺累，因為累主要是由於心率升得太快、太高導致的。

為了更好地監控心率，可以戴上心率帶或心率表監控運動時的心率，我建議戴可以監控心率的運動手錶。一個原因是運動手錶相較於心率帶更方便，沒有額外負擔，因為你本來可能就有戴手錶的習慣；另一個原因是我認真比較過，現在運動手錶的演算法都優化得不錯了，測出來的心率跟心率帶幾乎一致。

運動時，儘量將心率保持在一百零七～一百二十五次／分鐘之間。以跑步為例，發現心率偏高了，就將跑步速度放慢一些，這樣心率會慢慢降到舒適的區間，就又可以舒服地跑下去了。

保持心率在一百零七～一百二十五次／分鐘之間，一週運動三～四次，每次三十分鐘左右就足夠了。如果每次能運動一小時，卡路里消耗超過四百大卡，不僅心肺功能更強勁，還能達到很好的減重效果。

上面建議的兩步運動法，我自己、我太太、我的朋友，以及我帶的私教學員都能輕鬆做到，所以相信你也一定能動起來，並且愛上運動。

讓自己擁有一個更加健康的身體和更加高效的大腦，需要做到學會睡覺、好好吃飯、愛上運動這三件事。

- **學會睡覺：按睡眠週期來睡，保質保量地睡足、睡好。**
- **好好吃飯：做好結構化和習慣化飲食，應對好情緒化進食和社交聚餐挑戰。**
- **愛上運動：利用一切機會多站起來走一走，喚醒久坐的身體；再將運動心率控制在一百零七～一百二十五次／分鐘之間。**

註 3：該資料來源於 Carey 在 2009 年發表在《體能訓練研究雜誌》的一篇文章。Carey DG. Quantifying Differences in the「Fat Burning」Zone and the Aerobic Zone: Implications For Training. J Strength Cond Res 2009; 23.

第二節

減少腦力消耗，讓大腦更敏銳

一個人的注意力、記憶力、思考分析能力、學習能力都依賴於大腦，大腦的重量雖然只占我們體重約百分之二，但即使坐著不動，它也會消耗人體能量的百分之二十、全身耗氧量的百分之二十五，以及消耗掉肝臟儲存的肝糖的百分之七十五[4]。即使你在發呆，大腦每分鐘也需要零點一卡路里的熱量，而當你集中精力進行思考的時候，大腦每分鐘消耗的熱量則是一點五卡路里。

因為能量消耗超過了人體可供應的水準，所以大腦的運作遵循「最省力原則」（Principle of Least Effort），凡是可不動腦的，絕不動腦。只要你開始深度思考，大腦就會讓你產生各種不舒適感，逼著你儘快結束，或者壓根就別開始。你想一想，凡是需要深度思考的內容，是不是都有畏難不敢開始的情緒？

所以，我們對大腦的使用要順著大腦的這個特性，盡可能減少消耗，保持大腦的敏銳，將腦力用在不得不用的地方。

想在生理上保持大腦的敏銳，除了做到減少體力消耗的睡好、吃好、鍛煉好，在大腦的運用上，還要掌握三個核心點：①能不用就不用；②用好慣性思維；③避免過度思考。

一、能不用就不用

大腦的能量消耗這麼高，意味著每天能用於深度思考的腦力相當有限，因此我們要學會善用大腦，將寶貴的腦力用在重要的事情上，不重要的事盡最大可能不耗費腦力。

註4：該資料來源於約翰·威利父子出版公司在一九七八年出版的《腦能量代謝》（*Brain Energy Metabolism*, 暫譯）。

日本知名的企業策略大師大前研一是這方面的典範，他在《思考的技術》一書中分享了他的做法：一次性訂做六十三件款式相同、顏色不同的襯衫，這樣就不用將寶貴的腦力浪費在選擇穿什麼衣服上了，隨便拿一件穿就行。

這樣做法的好處我深有體會。

從二〇一四年起，我每年在家附近的洋服店訂做五件款式相同、顏色不同的襯衫，三條同樣的褲子，每年再買兩雙款式相同的皮鞋。

從此，我每天早上再沒操心過應該怎麼穿搭（這樣做還有一個額外好處——保持身材。因為一旦胖了後，衣服和褲子就穿不了了）。

你也可以回憶一下，在哪些不必要的事情上浪費了寶貴的腦力，然後也用類似大前研一和我的做法，將這些事一次性搞定，就不用再浪費腦力在這些事上面了。

二、善用慣性思維

慣性思維是指人習慣性地遵循以前的思路思考問題，類似物體運動的慣性。

比如，張小明的父母一共有三個兒子，大哥叫張一明，二哥叫張二明，請問老三叫什麼？

很多人就會順著慣性思維說叫張三明，而不是張小明。

提到慣性思維，很多人的第一印象並不好，覺得這代表懶於思考、因循守舊的貶義詞，但實則不然。

由於大腦能量消耗大、運作遵循「最省力原則」的特性，當前的人類很難擺脫慣性思維，因為每一次以反慣性思維進行思考，都需要大腦消耗更多能量，一旦消耗過多，身體無法供應大腦所需能量，大腦反而更轉不動，更依賴慣性思維。

既然慣性思維不可擺脫，就不要總想著反慣性思維，而是要像大禹治水一樣順著河道疏導，依大腦的特性以慣性思維進行思考，同時提高慣性思維的品質。

如何提高慣性思維的品質呢？

方法就是讓高品質的框架成為你的思維慣性。

用低品質框架思考，與用高品質的框架思考，大腦消耗的能量毫無區別，但思考品質卻有著天壤之別。

以推廣《減法》為例。

接到推廣《減法》這本書的任務，你用慣性思維想到的可能是影音廣告推廣、找平台推送、在社群裡發通知等。

我用我的慣性思維想到的是，這次推廣要達成多少本書的銷售？要在多長時間內實現？現有的推廣管道在這段時間內能推廣多少本書？是不是離目標還有差距？如果有的話用哪些管道作為補充最合適？

我的慣性思維用的框架「差距＝目標－現狀」，就比你的慣性思維用的框架的品質高一些。

第一，我的框架更聚焦於資源。

在瞭解了目標、現狀，明確了差距的情況下，能找到更有效的管道，並且更高效地配置資源。

比如，如果已有的平台推送就能實現銷量目標，就沒必要浪費錢做影音廣告推廣了。

第二，更易做調整。

我的這個框架一旦往下執行，更容易在執行中發現偏差，從而快速調整。

比如，我的銷量目標是一個月五千冊，現有的平台和社群能月銷售四千冊，與目標銷量還有一千冊的差距。

假如我同樣選擇了影音廣告推廣來彌補這一千冊的差距，但三天後，我發現銷量只增加了十冊，那麼我很快就知道這個方式不能實現目標，要趕緊調整了。

而如果不針對差距，一上來就在平台、社群媒體、影音廣告這三個管道一起推廣，那估計到了第二十四天才能發現實現不了五千冊的月銷量目標，這時再去想辦法，就已經來不及了。

你看，同樣是慣性思維，思考的品質卻有很大差距，所以我們要用高品質的框架替換已有的低品質框架，並形成新慣性思維，如圖3-4所示。

這樣雖然依舊是慣性思維，但思考品質卻有了很大的提高。

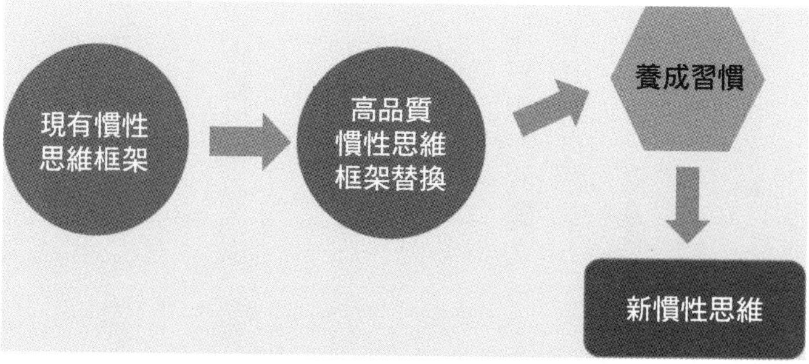

圖 3-4　新慣性思維的形成

三、避免過度思考

除了可不用腦的時候儘量不用腦、提高慣性思維的思考品質，還有一個減少腦力消耗的好方法——避免過度思考。

過度思考有時是一種偽深度思考，看似深度動腦了，但做的都是浪費寶貴腦力的事。

例如，我帶過的一位學員，有一次他交了一份報告給主管，主管回饋說報告的深度不夠，沒有從「思想認識」層面剖析發現的問題。

於是，他花了兩天來琢磨什麼是「思想認識」。思想認識問題是指對工作思想的認識問題？還是指工作思想有問題？思想是什麼意思？是指一些哲學思想，還是指關於生活作風的思想？認識又是什麼意思？是意識嗎，比如客戶意識、風險意識、大局意識？主管為何要用「思想認識」，不用其他詞呢？

他越想越多，還在網上下載了很多與「思想認識」有關的資料，但他越看越迷茫，無法理解什麼才是主管說的「思想認識」層面。

兩天時間全花在定義「思想認識」上，報告一點都沒改，結果他又被主管批評了。

這位學員做的就是浪費寶貴腦力的過度思考。

過度思考並不代表一個人勇於思考、善於思考，相反，它代表思考過於凌亂，缺少必要的價值。

那怎麼樣才能做到深度思考，而不是過度思考呢？有以下兩種方法。

1. 設定思考的截止點

過度思考的兩個核心特徵是：漫無邊際和無休無止。

就像有的學員在思考如何突出自己的優點這件事時，不是聚焦在自己有哪些優點以及突出優點的方法上，而是會想以下問題：

我想的這些優點，會不會別人不認為是優點？

為什麼別人有那麼多優點，而我沒有？

我是不是很沒用？

我怎麼就這麼沒用呢？

是不是小時候受了原生家庭的影響？

我父母怎麼能這樣呢？

針對這種過度思考的情況，只要設定一個思考的截止點，就可以很有效地阻斷這種漫無邊際、無休無止的過度思考。

比如，針對上述問題，我要求你最多思考十分鐘。十分鐘後，無論想了多少，你都要用思維導圖畫出你想到的幾個優點，並在每個優點後加上你想到的突出它的方法。

有了十分鐘這一時間限制，你的思考就不會天馬行空地亂跑了。

因為在思考過程中，即使思維仍有發散，但十分鐘後就要寫出內容發給我，為了完成這個任務，你一定會停止思維發散並將思維拉回來，繼續圍繞自己的優點是什麼，以及如何突出優點來思考。

所以，以後可以多多嘗試這種給自己設定思考截止點的方法。

2. 以行動為目的思考

過度思考，往往是因為沒有以行動為目的思考。

比如，全球局勢緊張的時候，你有沒有擔心過會爆發戰爭？

我擔心過，而且擔心過不止一次。出於這種擔心，有段時間我都沒法專心工作，經常忍不住看各種悲觀預測的文章。

這種完全不會帶來任何行動的思考，只是杞人憂天。上面的思考就是典型例子。但當我開始思考自己可以做點什麼以改變現狀時，我很快就意識到這是無可奈何的事，也就放棄無謂的過度思考了。

在以行動為目的思考時，至少可以減少三類過度思考。

（1）減少對無法改變的問題的思考

這類問題既包括「某國大選結果如何」這類大問題，也包括「交了試卷後成績如何」「彙報完成後績效如何」這類小問題。

當你把這些問題放到行動的尺規上衡量時，很輕易就能發現這些都不是你能改變的，自己完全無能為力，所以壓根沒必要浪費腦力來思考。

（2）減少對小機率事件的思考

你有沒有擔心過一些未曾發生的事情呢？

比如當孩子出遠門後，有些父母就會擔心孩子會發生車禍或遇到其他危險，因此總是擔驚受怕。但只要真的動手查一查，瞭解這種事情發生的機率極小後，就不會太過焦慮了。

（3）減少對行動風險的過度思考

假如你在一家位於一線城市的公司工作，薪酬不低，但是離定居買房還是有一定距離。

現在有一家創業公司的CEO邀請你加入他們的團隊，雖然當前薪酬不高，但如果公司如預期那樣發展起來，未來把選擇權賣掉賺到的錢足夠讓你在一線城市買房。美好未來背後潛藏的是極大的風險，你陷入了思考風險的焦慮。

許多創業公司維持不到兩年，萬一自己碰到的公司就是這類公司怎麼辦？

如果少賺了兩年錢，是不是更買不起房了呢？

房價會不會在接下來的兩年上漲更多呢？

但以行動為目的思考時，你就不會沉溺於對風險的過度思考，而會跳出單一的風險考量，對多種因素進行綜合評估，最終確定當下的最優行動選擇。

即使最終決定不行動，其本身也是一種行動選擇，你不會再陷入對風險的焦慮與恐懼。

過度思考的人看似想了很多，但這種思考不但不深入，還零散雜亂。更糟糕的是，除了浪費寶貴的腦力，這種漫無邊際的思考還會導致一個人喪失行動力、激起焦慮情緒，因此能避則避。

能不用腦就不用腦，節省了寶貴的腦力；善用慣性思維，能夠以更少的腦力消耗換取更高品質的思考；避免過度思考，將寶貴的腦力保留給了真正的深度思考。做到上面三點，你一定能減少腦力的消耗！

第三節

減少情緒消耗，不被情緒左右

除了體力勞動和腦力勞動這兩類最熟知的勞動，其實還有一類少為人知卻又很重要的勞動——情緒勞動。

回想一下，自己有沒有遇到過這樣的情形：

工作日明明什麼都沒幹，卻覺得非常疲憊，下班後動都不想動。

這就是情緒勞動造成的。

情緒勞動的本質是一種個人精力的支出，可分為對外情緒勞動和對內情緒勞動兩類。

1. 對外情緒勞動

對外情緒勞動是指對外輸出的正面情緒。

比如，對客戶保持春風拂面的態度，對主管的無條件服從，對同事表示熱情等。

這些情緒的輸出，特別是在你並非發自內心想這麼做的時候，就會產生情緒勞動。

2. 對內情緒勞動

對內情緒勞動是你對內感受到的負面情緒。

比如，被客戶當面指責時感受到的羞辱，在主管面前彙報時感受到的壓力，在同事推卸責任時感受到的苦悶等。

這些對內情緒的管理，也會產生情緒勞動。

一個人的情緒資源與體力和腦力資源一樣，也是有限的，如果長期付出大量的情緒勞動，就會在生理和心理上出現各種症狀。

比如，生理上的失眠、頭疼、心慌；心理上的緊張不安、煩躁、回避社交、意義感缺失、抑鬱等。

所以，除了要避免過度的體力勞動、腦力勞動，還要避免過度的情緒勞動，為情緒做好減法。

根據情緒發生的三個階段劃分，有五個小技巧供你參考：

- **情緒發生前：環境選擇、生理優化。**
- **情緒發生時：認知轉換。**
- **情緒發生後：避免損失、行動轉化。**

一、情緒發生前：環境選擇、生理優化

1. 環境選擇

減少情緒消耗性價比最高、見效也最快的方法，就是選擇負面情緒誘導少的環境。

具體方法有兩種：

（1）選擇低情緒消耗的工作

在選擇工作時，儘量挑選自己喜歡的，至少是不討厭的工作環境。如此一來，大部分情緒資源就不會浪費在忍受工作環境上，從而有更多精力分配給其他事情。

例如，如果性格內向，不喜歡社交，那麼就沒有必要選擇公關、銷售等人際互動強度高的工作環境。

（2）減少與高情緒消耗的人的往來

儘量減少與高情緒消耗的人的往來，因為他們容易抱怨和發怒，這些負面情緒很可能會傳遞給你，影響你的情緒狀態。

回想一下：

當你與一個性格溫和、說話溫柔的人往來時，是不是會不自覺地放慢語速、降低語調呢？

但是，如果你與一個說話衝、語速快的人聊天，是不是很容易被帶動，提高自己的嗓門，變得越來越激動呢？

此外，高情緒消耗的人往往只關注自己的情緒發洩，很少關心你的需求。在與你往來時，他們更多地將你當作情緒發洩的「垃圾桶」。他們抱怨、發洩完畢後，感到輕鬆了，你卻需要耗費大量情緒資源來消化他們傳遞過來的情緒。

因此，我們要善於保護自己的情緒資源，儘量減少與那些過度消費我們情緒資源的人往來。

2. 生理優化

即使處於完全相同的環境，有些人也容易被激發出負面情緒，有些人則會保持情緒穩定，甚至情緒高漲。

之所以會產生這種差異，是因為不同人的生理因素不同，特別是催產素、多巴胺、血清素和皮質醇等激素分泌不同。

（1）提高催產素的分泌

催產素是一種在大腦垂體後葉分泌的肽類激素，它可以有效減輕一個人的焦慮和壓力。

覺得緊張焦慮時，可以提高催產素的分泌，讓自己情緒放鬆。

具體的方法有：撫摸寵物、深度呼吸和冥想放鬆、聽舒緩的音樂等。

（2）保持適度的多巴胺分泌

多巴胺是一種神經遞質，主要在大腦的中腦區域合成和釋放。它能讓你感受到快樂和滿足，保持愉快的情緒。

過多或過低的多巴胺都可能對情緒產生負面影響。過多的多巴胺可能導致焦慮、煩躁或躁動等情緒；而過低的多巴胺則可能引發抑鬱症、注意力缺陷過動障礙等。因此，保持適度的多巴胺分泌對於情緒穩定至關重要。

透過進行規律的運動，尤其是有氧運動（如跑步、游泳、騎自行車），可以有效地保持適度的多巴胺分泌，提升情緒和精神狀態。

此外，規律的運動也有助於改善睡眠品質。充足的睡眠能進一步調節多巴胺分泌，保持長期的情緒穩定。

（3）提高血清素的分泌

血清素是一種重要的神經遞質，在大腦中起到調節情緒的作用，有助於維持心理健康和情緒穩定。

血清素較高時，人的心情就很平靜；血清素過低則可能導致抑鬱、焦慮、憤怒等負面情緒，會讓人陷入「心煩意亂」、「坐立不安」、「無論如何也靜不下來」的狀態。

提高血清素分泌的方法有很多，其中最簡單易行的方法是曬太陽。適當的陽光暴露可以刺激體內維生素D的合成，從而有助於提高血清素分泌。如果有條件，最好每天在戶外曬太陽十五～三十分鐘。

你可能會說：「我工作這麼忙，每天早出晚歸的，哪有時間曬太陽？」

但辦法總比困難多，只要多花點心思，辦法就有了。

比如，在上班途中提前一站下車，走路去公司的同時曬太陽；

中午不點外送，而是外出就餐，這樣既能曬太陽，還能增加運動量；

開電話會議時，可以走到有陽光照進來的房間，在參加會議的同時曬太陽。

（4）減少皮質醇的釋放

皮質醇是一種類固醇激素，主要由腎上腺皮質分泌。

當一個人面臨壓力或應激情況時，皮質醇會迅速升高，幫助身體進入「戰鬥或逃跑」模式。短暫的皮質醇升高通常對身體和情緒無害，反而有助於提高警覺和應對壓力的能力。

但如果長時間處於高皮質醇的狀態，就會出現各種情緒問題，如焦慮、抑鬱、易怒和疲勞。更關鍵的是，長期的皮質醇高狀態會導致大腦的海馬體萎縮，影響記憶力和學習能力，進一步影響情緒和心理健康。

因此，要減少負面情緒的產生，就要減少皮質醇的釋放。

除了反覆建議的規律運動和充足睡眠，還有兩個方法有助於減少皮質醇的釋放：放鬆和嚼口香糖。

放鬆的方法很簡單，就是放空大腦，適當休息，或者冥想、做深呼吸等。

嚼口香糖也是一個有效方法，它之所以有效，可能是咀嚼動作有助於減輕大腦的應激反應，有助於減輕緊張情緒和減少皮質醇的釋放。

做好生理優化，情緒會更穩定，負面情緒更不容易被激發出來。

二、情緒發生時：認知轉換

環境選擇和生理優化，都是避免負面情緒產生的預防手段。但如果沒預防住，還是有負面情緒產生了，該怎麼辦呢？這就要用到認知轉換的方法了。認知轉換是各種情緒管理小技巧最集中的地方，它的核心作用，可以用美國心理學家艾理斯（Albert Ellis）的「情緒ABC理論」來解釋：

激發事件A（activating event）只是引發情緒和行為後果C（consequence）的間接原因，而引起情緒和行為後果C的直接原因則是個體對激發事件A的認知和評價而產生的信念B（belief）。

更具體地說，情緒ABC理論是指，假如你在工作中因為被上級批評了（激發事件A），變得很不開心、工作上有些懈怠（情緒和行為後果C），但上級的批評（激發事件A）只是你不開心和工作懈怠（情緒和行為後果C）的間接原因，你認為上級是故意針對你的這一認知和評價（信念B）才是直接原因。

如果你將上級的批評換個認知和評價——「上級對我有期待，所以才會批評我」——信念B一調整，你不但不會不開心和工作懈怠，還會更有幹勁。

所以，所有認知轉換的情緒管理技巧，都是透過改變信念B，消除或緩解激發事件A可能引發的情緒和行為後果C。

下面分享幾個技巧。

1. 阿德勒的課題分離

課題分離這個理論認為，要想解決人際關係的煩惱，就要區分什麼是你的課題，什麼是我的課題。我只負責把我的事情做好，而你也只負責把你的事情做好。

比如，你愛上了一個人，一直在猶豫該不該告白，因為你不清楚對方是否也愛你，害怕告白被拒，太過羞恥，太沒面子了。

如果你熟用課題分離理論的話，就不會猶豫了。

因為，跟對方告白是你的課題，告白了就代表你的課題結束了；至於接不接受，那是對方的課題，跟你無關。

用大白話來講就是「我愛你，與你何干」。

2. 遠離「應該如此」

和男／女朋友約好週末出去玩，可對方因為臨時加班取消了行程，你對這種臨時放鴿子的行為很不爽；約了朋友六點吃飯，可他八點才到，你說不定會火冒三丈地責怪對方太不守時。

這就是「應該如此」的心態給我們帶來的負面情緒。

「應該如此」的意思是：事情理應如我所認為的一樣發生。

可人生在世，並不能事事如願。對於已經發生的事情，只能按實際情況處理，讓自己有更好的體驗。

比如，男／女朋友違背主管要求不加班陪你出去玩，輕則可能影響他／她在主管心目中的印象，重則可能有失業的風險，而兩個人的約會改期，也一樣可以玩得開心。

朋友遲到二小時，實際是開車過來時被追撞了，他緊急處理好還能趕來，足以說明他特別重視跟你的這次約會。如果你能先關心對方，知道他的不容易，反而會更珍視這段友誼，同時還能愉快地用餐。

所以，當「應該如此」的心態浮現時，就要提醒自己下面兩點：

第一點，事情的發生自有它發生的理由，我未必能夠知道，但我必須接受已經發生的一切。

第二點，抱怨事情不該發生是不讓自己成長，如何根據已經發生的事情，給自己製造開心的機會才最重要。

三、情緒發生後：避免損失、行動轉化

1. 避免損失

透過環境選擇和生理優化，可以減少負面情緒產生的源頭；透過認知轉換，可以將負面情緒消弭於發生之際。

但如果負面情緒沒能控制住，實實在在地爆發出來了，又該怎麼辦呢？

這時，第一時間要做的就是——避免損失。

對你造成影響的其實並不是情緒，而是情緒引發的反應。情緒上頭後，往往會產生一些不理智的想法，比如，有時為了讓別人後悔，寧願自損一千，也要傷對方八百。

為了避免這種不理智想法的產生，最好的做法就是離開激發負面情緒的場景，避免負面情緒進一步發酵，這樣就能做到第一時間避免損失了。

如果實在離不開激發負面情緒的場景，可以記住下面這個口訣：帶著情緒不見人，見人不說話，說話不議論，議論不決策，決策不行動。

2. 行動轉化

避免損失，是對負面情緒的消極應對，一個更好的做法則是積極應對。

積極應對，不是說讓你去抗拒負面情緒，這是非常不可取的，不信你觀察一下，當陷在負面情緒中時，心裡是否有很多抗拒的念頭。

「我不要老是憂心忡忡的樣子。」

「我不要像祥林嫂[5]一樣，總是去抱怨。」

可你越這麼想，越無濟於事，反而會越來越煩躁。

因為大腦有一個奇怪的特點，就是不能接受含有「不」字的指令。如果被告知「不要想那頭大黑熊」，猜猜大腦會立刻發生什麼事情？是的，儘管聽到的是不要想，可你發現正在想著那頭大黑熊。

其實，無論是正面情緒還是負面情緒，都能給你帶來動力，負面情緒也只是向你傳遞某些需求未被滿足的信號而已。

如果能夠學會積極應對負面情緒，不但能縮短陷在負面情緒中的時間，還能幫你增強行動力。

你可以按順序用下面四個問題進行自我對話。

註5：魯迅短篇小說《祝福》中的人物，總愛抱怨，反覆訴說自己的悲慘故事。

第一問：此刻，我有什麼不好的感受呢？

第一問的目的，是將你從具體的事情中抽離出來，只是去識別內心不好的感受。

如果不能準確說出自己的情緒感受，可以嘗試這樣問自己：「不開心的背後，是一些什麼情緒？」「我還可以用什麼其他文字去描述這份情緒？」

當你識別出是什麼情緒，比如被主管誤解批評後很委屈，那麼第一問的回答是這樣的：「此刻，我感到特別委屈。」

負面情緒一旦被識別，就會很快消失。

第二問：我不想要這個不好的感受，我想要什麼呢？

第二問的目的，是幫你識別負面情緒背後未被滿足的需求是什麼。

這一步要求在回答完第一問，情緒歸於平靜時，靜靜地思考：出現負面情緒時，是什麼需求沒有被滿足？

當腦海中有一個念頭時，你就可以簡單寫下來，這個念頭很有可能就是自己沒有被滿足的需求。

比如第二問可以這樣回答：「我不想要委屈的感受，我想要主管的理解和認可。」

第三問：圍繞我的需求，我該如何做呢？

第三問的目的，是幫你將情緒轉化為解決問題的思路。這時候就可以用上有邏輯的理性思考了。

例如，第三問可以這樣回答：「圍繞著我想要的主管的理解和認可，我該做的就是先接受主管的批評，重新把方案做好再來彙報。」

第四問：我現在要做的是什麼呢？

第四問的目的，是幫你第一時間行動起來，真正從負面情緒裡走出來。

例如，第四問可以這樣回答：「我現在要做的，就是先回覆收到了哪些資訊，回去後會怎麼改進。」

透過上面四個問題，一次負面情緒轉化為積極行動的應對過程就完成了。

負面情緒是生活中不可分割的一部分，一個正常人必然會有負面情緒的，我們要做的不是杜絕負面情緒的產生，而是減少負面情緒的消耗，甚至將負面情緒轉化為積極行動。

雖然關於情緒管理的理論、方法、技巧很多，但歸類下來，無外乎是針對情緒發生前、情緒發生時、情緒發生後如何處理。上文講的環境選擇、生理優化、認知轉換、避免損失、行動轉化五個技巧，只要掌握其中任意一個，相信你的情緒消耗會大大減少。如果五個技巧都做到了，那恭喜你，你絕對是一個「泰山崩於前而不動聲色」的人。

第四節 減少意志力消耗，讓自己更自律

當你開始減少體力、腦力和情緒消耗時，你會發現自己有一個額外的收穫——意志力的消耗也減少了。

意志力是體力、腦力和情緒的綜合體，能幫你完成很多你做不到的事。**它就像一名嚴格的「監工」，每當你想懈怠時，它就會督促你開展某種你不願意採取的行動。**

就像參加半程馬拉松比賽，跑了十公里後很累，很想停下來不跑了，但意志力會讓你繼續跑到終點。

但不幸的是，跟體力、腦力和情緒一樣，意志力也是有限的。體力充沛、大腦清

醒、情緒穩定時，意志力就強；體力、腦力、情緒任一耗竭了的話，意志力也會同步耗竭。

所以，你不能無休止地做加法，一味地消耗意志力，而是要學會做減法，減少意志力的消耗。

減少意志力消耗的具體方法有兩個：一、減少非必要的意志力消耗；二、降低意志力的消耗強度。

一、減少非必要的意志力消耗

有人做過如下的心理學實驗。

讓正在節食的實驗對象進入一個房間，房間裡面放滿了零食，有薯片、巧克力、彩虹糖和鹹味花生豆，然後再讓他們完成一項任務。

任務完成後，實驗對象就可以吃到零食。

對於其中一組實驗對象，食物就擺在非常顯眼的位置；而對於另一組實驗對象，食物擺在他們看不見的地方。

位於零食旁邊的這組實驗對象在任務完成後吃的零食，遠遠多於看不見零食的那一組。

為什麼會這樣？

因為位於零食旁邊的這組實驗對象，需要不斷消耗意志力抗拒零食的誘惑。意志力是有限的，這裡用得多了，其他地方就會不夠用，所以，這些人最後就沒那麼多意志力再去抗拒零食的誘惑了。

這個實驗體現的就是美國心理學家羅伊・鮑邁斯特（Roy Baumeister）提出的自我損耗理論，這個理論指出：

（1）一個人的意志力（心理能量）是有限的，短期內人只能進行次數有限的自我控制。

（2）所有的執行功能（自我控制、做出抉擇、發起行為）需要的是同一種意志力資源，一個領域的意志力資源消耗會減少另一個領域的可用意志力資源。

（3）意志力就像肌肉一樣，每一次的意志力對抗都會產生消耗。當意志力消耗殆盡，就無法開展任何與自己慣性不一致的行動了，只能慢慢等意志力恢復後才能再開始。

可見，意志力不只是有限的，而且還很容易消耗，因為很多不同類型的事情（自我控制、做出抉擇、發起行為）都會用到它。

只有減少各種不必要的意志力消耗，才能有足夠的意志力處理重要的事情。

例如，沒必要為了一袋售價八元八角的鍋巴，在幾百個商家裡「大浪淘沙」，反覆比較誰的優惠更大。這種比較所浪費的意志力，遠遠超過你省下的幾元錢。

更不要輕易讓自己面對遊戲、短影音、高熱量食品這些誘惑的考驗。因為，你每抗拒這些誘惑一次，意志力就會消耗一點，抗拒次數一多，意志力也就消耗得差不多了，就很難再抗拒其他誘惑了。

你可以試著不在電腦和手機裡安裝遊戲、不把手機帶進臥室、不在冰箱裡放高熱量食品。我每次換新手機，第一件事就是卸載手機裡的遊戲App和短影音App，這樣我就不用總是逼迫自己抗拒遊戲和短影音的誘惑。

只要盡可能減少不必要的意志力消耗，將所有的意志力階段性地集中在一件要堅持的事上，你就更有可能將這件事堅持下來，並習慣於長期去做這件事。**一旦這件事**

成為你的習慣，它就像巨石從山頂向下滾動一樣，不再佔用你的意志力。這時，就可以將你的意志力階段性地用在下一件要堅持的事上。

採用這種做法，不僅減少了不必要的意志力消耗，還能養成越來越多的好習慣。

二、降低意志力的消耗強度

根據自我損耗理論，意志力受到各種各樣因素的影響，比如感知難度、努力程度、消極情緒等。

所做的事對你來說難度太大，耗費的努力太多，甚至你今天心情不好，都會消耗意志力。

因此，在將意志力花在值得堅持的事情上時，還要用好各種輔助手段，讓意志力的消耗強度低一點，從而讓自己更好地堅持下來。

我常用的四個行之有效的方法如下所述：

降低感知難度；

利用恐懼和緊迫感；

創造持續激發狀態的環境；

善用外部監督。

1. 降低感知難度

一旦任務比較有難度，就會遲遲不願開始，即使勉強開始後，依然會因為意志力的消耗巨大，撐不了多久就會放棄。

假如遇到了這種情況，你就要學會降低任務開始時和執行中的感知難度。

（1）降低任務開始時的感知難度

想降低任務開始時的感知難度，最好的方法就是告訴自己：不要做得多，更不需要做得好，先做一點點就行。

比如，一想到要跑步三十分鐘，你可能立馬就聯想到兩腿發軟、胸部發悶的痛苦場景，那你去跑步的意願就很低了。

但如果告訴自己，只要去跑步機上跑一分鐘就可以。跑一分鐘能有多難？你一邊想，一邊輕輕鬆鬆地站在跑步機上了。

等你真正在跑步機上跑了一分鐘後，你又會想，跑都跑了，要不就再多跑一會兒。

這樣做的好處在於，感知到的難度很低，只需要一點點意志力就能開始做這件事。而且，只要開始做一點點，就會不知不覺地完成大部分計畫。哪怕最後真的只做了一點點也無所謂，因為這本就是你一開始的計畫，總比什麼都不做好，完全不會影響你的自我效能感。

（2）降低任務執行中的感知難度

在任務執行過程中，降低感知難度的主要方法就是多輪優化。

也就是第一遍先做自己能做的，在心裡告訴自己：第一遍無論做得怎樣都行，因為第二遍、第三遍還會再改。

好比看一部懸疑片，你不用擔心自己看不懂，第一遍先「看個熱鬧」，第二遍再揣摩細節，抽絲剝繭，看看門道。

這種降低任務執行中的感知難度的方法，我在《學習力：顛覆職場學習的高效方法》這本書裡，在閱讀、記筆記、技能學習等方面都做了很詳細的應用說明。

以技能學習為例。

不管多難的技能，先粗略地學一遍。

這樣學起來簡單，也不用擔心學得不好從而想放棄，因為後面還會學第二遍、第三遍。

之後再學第二遍。

學第二遍時，因為之前已經學過一遍，有了一定的理解基礎，學起來就更容易了，遇到難點也不緊張，因為還可以學第三遍。

學第三遍同樣如此。

這種多輪優化的方法，讓你每一遍感知到的難度都不高，意志力消耗大大下降，也就能更好地學習和堅持。

2. 利用恐懼和緊迫感

恐懼和緊迫感都可以有效減少意志力消耗。

恐懼對於提高行動力的即時強度是最有作用的。哪怕一個意志消沉、整天懶洋洋地躺著的人，在看到一頭餓狼撲過來時也會因為恐懼馬上爬起來。

我在做管理諮詢顧問時，一旦出現不想寫諮詢方案的情況，就會設想因為方案沒做好，被客戶當面挖苦的場景。一想到這個令人恐懼的畫面，我的動力立馬就恢復了，有時甚至能一口氣寫完整個方案。

截止日帶來的緊迫感同樣如此。大腦對一件事無論感到多麼厭惡，多麼不願意行動，一旦截止日將近，大腦也會逼著你完成任務。所以我們有句玩笑話：**「截止時間是最大的生產力」**。

很多人常用的番茄鐘就很好地利用了緊迫感：利用二十五分鐘定時帶來的緊迫感，以較少的意志力消耗提高你的行動力。

3. 創造持續激發狀態的環境

我喜歡在辦公室而不是在家裡辦公。

為什麼呢？

因為居家辦公時，哪怕只有我一個人在家，我還是會受到很多干擾，那些稀鬆平常的事物總是輕易地散發出非凡的魅力。

看到沙發就想躺一會兒；看到冰箱就想打開找點吃的；走到陽臺就想拿起水壺澆澆花。

但如果在公司辦公，情況就完全不同了。

當我想懈怠偷懶時，放眼望去，都是正在工作的同事和各種辦公設備，很容易就能再次激發出我的工作狀態。

這就是環境的潛在影響作用，**它透過營造氛圍，讓你在不需要消耗大量意志力的情況下，也能很好地投入工作。**

4. 善用外部監督

單純依靠意志力來讓自己開始和堅持做一件事也是可以的，但這不是最佳做法，因為這對意志力的消耗過大，投入產出比不高。

因此，可以善用外部監督，減少自身的意志力消耗。

一些人小時候無論有多麼渴望看動畫片，但可能只要一看到媽媽放在電視櫃上的雞毛撢子，內心就會一抖，然後乖乖關掉電視。

這裡的雞毛撣子就是有力的外部監督，有了它，人不需要過多地消耗意志力也能做出明智的選擇。

以我在YouCore內部發起的每月完成十二次運動的契約金打卡活動為例，這一打卡活動除了督促大家多多運動，也會督促我自己，因為我作為發起人和領導，肯定不能不帶頭完成活動。

這個契約金打卡活動到現在已經持續四十個月，我一次都沒違約過。如果沒有這個契約金打卡活動，只是靠我自己的意志力每月完成十二次運動，別說四十個月，堅持四個月都很難。

這就是善用外部監督帶來的好處：更少的意志力消耗，堅持得更好。

一個缺乏意志力的人，是很難堅持做一件事的，所以**意志力對一個人來說，就像空氣和水一樣，不可或缺。但過度苛求自己更有意志力的做法，往往會使意志力消耗得更快，變得更不自律**。

在意志力有限的情況下，做好減法，減少非必要的意志力消耗，降低意志力消耗的強度，反而能讓你更有意志力，更自律。

本章小結與討論

不少人在取得一定成就後，都會分享他們的成功經歷，撰寫回憶錄或做演講。這些經歷通常都會特別強調他們如何廢寢忘食、如何艱苦奮鬥、如何嚴格自律。

這樣的成功故事聽多了，往往會讓我們誤以為成功意味著要睡得少、要工作時間長、要沒有負面情緒、要極其自律。

實際上，這些成功故事往往是刻意包裝過的，目的就是打動你我這樣的聽眾。畢竟，相較於一個人輕鬆取得成功的經歷，拚命奮鬥、歷經挫折後才取得成功的故事，更能讓我們產生共鳴。

但是，這些故事僅僅是故事而已，不要把它們當成指導性的成功經驗。它們中即使有一小部分是真的，那也只適合它們自己的主人公，並不適合你。

更適合你的方法，是保質保量的睡眠，將有限的腦力用在關鍵事項上，允許自己有各種情緒，同時盡可能減少意志力消耗。這樣做，你的精力更充沛、大腦更敏銳、情緒更穩定、意志力更強大，工作和學習的效率也會更高。

4 CHAPTER

減少完美主義

有個學員向我訴苦：「老師，這週五我要交三份ＰＰＴ，可今天都週四了，我連一個標點都沒寫，怎麼辦呢？」

我有點好奇地問：「哪個主管讓你一天寫三份ＰＰＴ？」

這下她有點不好意思了：「也不能怪主管，他上上週就交代了，是我自己拖到今天都沒開始寫。」

我問她：「過去的這兩週都做什麼了，怎麼會將所有任務都拖到最後一天還沒開始做？」

她說：「老師，你知道嗎，這三份ＰＰＴ都很重要。第一份是售前方案，公司能不能簽下這個訂單就看它了；第二份是內部經驗分享，要當著全部門所有同事的面講，我很想透過這次分享向大家展示自己的優秀；第三份是主管委託我代寫的培訓教材，主管要拿來講課用。」正因為這三份ＰＰＴ各有各的用途，所以她特別想交出完美答卷，但在實際操作中她卻發現難點重重。

第一份售前方案ＰＰＴ，雖然她在網上搜集了不少與客戶相關的資料，但總覺得有遺漏，不夠全面，想繼續搜索，卻苦於時間不夠。

第二份內部經驗分享ＰＰＴ，她想找一個既專業又活潑，既有共性又能展示自己個性的分享模板，但反覆比較了十幾款模板，發現要嘛太花哨，要嘛太嚴肅，到現在也沒能找到心儀的模板。

第三份培訓教材PPT，對於主管交代的部分內容，她不確定是什麼意思，想找主管確認，又怕主管質疑自己的能力，瞻前顧後，時間都被蹉跎了。

這兩週，她的時間就耗在搜索資料、比較模板以及糾結找不找主管上，每天都很焦慮，但就是無法動手做PPT。她的這種情況就是典型的完美主義作祟，太想擁有一百分的完美狀態，結果連六十分都沒有，甚至直接就是零分。

如何破除這種完美主義呢？

從我自己的親身經歷，以及大量學員的有效回饋來看，在標準、開頭、過程和結果四個環節做好減法，就能有效破除完美主義。具體做法如下：

- **減少對標準的過度提高，做到剛剛好；**
- **破除對開頭的完美預期，敢於從「爛」開始；**
- **降低對過程的自律要求，接受自己的拖延；**
- **避免對結果的自我苛求，多多自我諒解。**

第一節

減少對標準的過度提高，做到剛剛好

完美主義者不管做什麼，都本能地想做到最好，所以對任何任務的標準都定得很高。

比如，用思維導圖梳理一個只給自己看的書本目錄框架，完美主義者不僅會考慮每個節點的顏色、字體、線條粗細，還會加上美輪美奐的圖示。

一般人用十分鐘就能做好的思維導圖，完美主義者能花上一個多小時。

梳理思維導圖的本意，是建立對這本書的整體印象，從而提高閱讀效率。

但反覆調整顏色、格式、圖示等細節，白白浪費了一個多小時不說，還將看書的熱情都消磨光了。

可以說，這個精美無比的思維導圖，不僅對閱讀毫無幫助，還大大降低了閱讀效率，不做它直接看書的效果比有它會更好些。

可見，有些事情並不是做得越完美就越好，做不同的事情有著不同程度的要求。**有些事情，做得剛剛好就可以了**。

那麼，哪些事情應該做到剛剛好？做到什麼程度才叫剛剛好呢？

以下總結四點：

一、不重要的事，做到及格就是剛剛好

二〇〇八年，有位學員剛從一所頂尖學校畢業，到一家互聯網公司面試。

他的面試成績非常優秀，然而公司的一位資深工程師卻極力反對他加入，原因是他在學校的各科成績大多剛過六十分。

這位工程師打電話問他，為什麼很多課程的考試成績只有六十多分？

他的回答是，他覺得考試的內容和實際的程式設計工作無關，所以在考試前複習

的時候，只按照能考六十分的程度來複習，不影響順利畢業就可以了，絕不會花更多時間在考試上。

這位工程師聽了這一回答，當即決定錄用他。

這位學員各科的考試成績剛過六十分，不是因為他只能得六十分，而是因為他想把時間用在其他地方，在實際的程式設計工作中做到九十分。

畢業後進入社會，我們會面臨與這位學員相似的困境。

你手頭正在跟進一個能決定自己當月業績的大專案，公司主管突然要你完成一份PPT，同事又在催你給他提供某個活動的資料，你會怎麼處理呢？

這就需要你具備一定勇氣，敢於把不重要的事情只做到六十分。

因為你不得不接受一個現實：**一個人的精力和資源是有限的，無法事事都做到九十分**。

只有在不重要的事情上減少投入，才能騰出更多時間、精力和資源給重要的事。

二、重要的事，做到「不鍍金」就是剛剛好

在YouCore每年的年終總結上，我都會特別強調：年終總結的PPT千萬不要做得很精美，不做PPT都行。

為什麼要這麼強調呢？

因為年終總結最重要的是彙報今年任務的完成情況、工作資料和成果及明年的工作計畫等實際內容，而不是展示PPT頁面的美觀程度等。

這就是「不鍍金」的意思，即**要「裡子」，不要「面子」**。

但我們很多時候，都喜歡做一些核心要求之外的無用功。比如，花了很多時間調整PPT頁面的配色和動畫；或者做會議紀錄時，在排版和字體上花了很多時間，會議紀錄卻遲遲發不出來。

之所以有這些不理智的「鍍金」行為，主要是因為：①很重視某件事，想做到盡善盡美；②「鍍金」比完成核心要求更容易，因此不自覺地就更願意做。

因此，要避免「鍍金」，就要學會劃定範圍，以及做到截止日大於品質。

1. 學會劃定範圍

劃定了範圍，你就知道哪些才是核心要求，務必要做好；哪些是次要要求，甚至是可選要求，可做可不做。

就像做一頓一家三口吃的家常便飯，你知道應該儘量做到營養均衡，至於是不是用精美的盤子來盛菜，這是可選要求，可做可不做。

2. 截止日大於品質

在截止日與品質之間，完美主義者的選擇天平總是會傾向品質。因此，**要破除完美主義，就要將選擇天平傾向截止日**。

要將截止日的優先順序放得最高，到了截止日，不管成果是什麼樣，都先將它交出去，做到「先完成再完美」。這樣就可以在很大程度上，避免不自覺地去做各種「鍍金」的事。

比如，到了任務的截止日後，你對寫完的PPT不滿意，覺得頁面的配色和字體太粗糙了，不夠精美。這時，就要克制住自己再拖幾個小時做頁面美化的想法，當務之急是先將PPT交出去。

三、有些事，必須做得剛剛好才符合標準

《論語．先進》中，有以下一段對話。

子貢問：師與商也孰賢？

子曰：師也過，商也不及。

曰：然則師愈與？

子曰：過猶不及。

意思如下：

子貢有一次問孔子：子張（師）和子夏（商）兩個人，哪一個更好一點？

孔子回答：子張太過，子夏不及。

子貢：那這麼說，是子張更好了？畢竟子張都超過標準了。

孔子回答：過和不及一樣，都是有問題的。

很多事都有一條基準線，做到這個程度就夠了。過了這條基準線，做再多都不會取得額外的效果。

就像你吃三個包子就能吃飽，但我給你吃五個包子、八個包子，並不會比給你吃三個包子更好。而且這樣做往往結果更差，一是浪費了包子，二是如果你吃多了還容易出其他問題。

那麼什麼樣的「度」才算「適度」，才算剛剛好？問題的難點就在這裡。這需要你敢闖敢試，及時調節。

你應該多嘗試，在試錯中摸索經驗，根據回饋確定是「過了」還是「不及」，再及時調節。

以下面的場景為例，摸索多了你就知道「度」在哪兒了。

加班的「度」：加班太多，雖然短期完成的任務更多了，但長此以往，大腦會昏昏沉沉，從長期角度來看，完成的任務（特別是高價值的任務）反而更少，而且身體還受損了。

學習的「度」：針對某一主題的學習，學到當前階段夠用的程度就可以，如果再無休止地多學，不僅沒有學習深化的作用，反而擠壓了其他重要主題的學習時間。

交往的「度」：初見一個陌生人時，假如你表現得太冷淡，別人會覺得你難以接近；但要是你過分熱情，又會讓人擔心你無事獻殷勤，會不會有所圖。

四、有些人，更適合做到剛剛好

名人的成功很讓人羨慕，特別是拚搏奮鬥後才成功的名人故事，更是很多人喜歡聽的。

看到這樣的故事你可能會大受鼓舞，心中燃起一團熊熊烈火。因為你看到了努力就會成功，而且還是很大的成功。

這樣的成功故事確實好，也的確激勵不少人。但如果讓你選擇，你更願意像他們一樣，幾乎放棄工作外的一切，還是選擇不那麼成功，但工作和生活都更愜意呢？

如果是成就動機高的人，那麼選擇前者更合適，因為成就動機高的人願意為了自己認定的成功不惜放棄一切，甚至極端行事也在所不惜；但如果是成就動機沒那麼高的人，那麼選擇後者更合適。

凡事做到八十分，你會發現事事都能應付自得遊刃有餘。而且這種八十分的人生，還會帶來以下兩點好處。

好處一：更容易滿足

人最大的痛苦之一是欲望和能力不匹配。

當你放平心態的時候，欲望就會比較低，所以更容易滿足，不太會有「求而不得」的焦慮和無奈。

比如，有人為了更快地晉升，節假日也不休息，甚至大年初一都在加班，時時為工作與家庭不可兼顧而焦慮；但如果正常作息，做好手頭的事就下班陪家人，那麼工作與家庭就可以實現更好的平衡。

有人對孩子的教育特別焦慮，覺得孩子都四歲了，英語詞彙量還沒達到一千個，為此很著急；但如果你認為孩子只要能健康成長就是最好的，對孩子的英語啟蒙就不會那麼著急，因為按部就班的學習已經足夠了。

這樣剛剛好的生活雖然不會讓人獲得令人矚目的大成就，但卻更均衡、更快樂、更美好。

好處二：更可以持續

持有剛剛好的人生態度的人，做事其實更具有可持續性，因為他們對失敗的容忍度比較高。

而那些一開始就對自己有著極高要求的人（比如一跑步就要先跑十公里；一看書就要一天看完一本的人），往往堅持兩三天就放棄了，因為現實與理想之間的差距太大了，大到看不到任何希望後，人反而徹底放棄努力了。

做到剛剛好不是教你去敷衍，相反，它是幫你把事情做好的必要方法。因為它能幫你明確重點、確定事情最適合做到的程度，將寶貴的時間、精力和資源用在最值得用的地方，從而更能堅持做某事。

做到剛剛好，是你基於自身需求和能力侷限做出的取捨。因為，與其焦慮地追逐那些可望而不可及的巨大成功，從容地將凡事都做得剛剛好，更有可能擁有幸福的人生。

第二節

破除對開頭的完美預期，敢於從「爛」開始

接受了剛剛好的觀念後，就可以開始做了。

這時新的問題又來了：遲遲不敢開始做怎麼辦？

就像有一位剛轉型做售前顧問的學員告訴我，即使是很重要的事，他也會遲遲拖著不開始。

他說，主管在週一交代了一個很重要的項目，讓他在本週六前務必寫一個售前方案發給客戶。

雖然他知道時間緊、任務重，而且這件事也很重要，但已經週四了，他還是一個

字都沒寫。

我問他：「你為什麼不寫呢？」

他回答：「這件事實在太難做了，很怕寫不好，影響了項目簽署，因此一想起來就焦慮，沒心情做任何工作，這些天的上班時間主要就是在看新聞、緩解焦慮情緒。」

很多人可能和這位學員一樣，做事總希望有個完美的開頭。越重要的事，越想博個滿堂彩。

好的開頭對做好某事確實有幫助，但比起好的開頭，人的畏難心理對事情成敗的影響反而更大。對一件事的開頭預期得過於完美，反而會讓人產生嚴重的畏難心理，遲遲不敢開始。

那麼如何才能把畏難心理降至最低，立即開始呢？

這就是破除完美主義的第二個方法：**爛開始**。

一、什麼是爛開始

爛開始背後的原理，是史丹佛大學的心理學家法格教授（Dr. BJ Fogg）提出的一個理解人類行為的模型——法格行為模型（Foggs Behavior Model, FBM），如圖 4-1 所示。

這個模型指出個體要實施某個行為時，必須具備三個要素：

- **足夠的動機（Motivation）**
- **實施這個行為的能力（Ability）**
- **實施這個行為的觸發器（Trigger）**

如果對於一件事有足夠的動機去做，

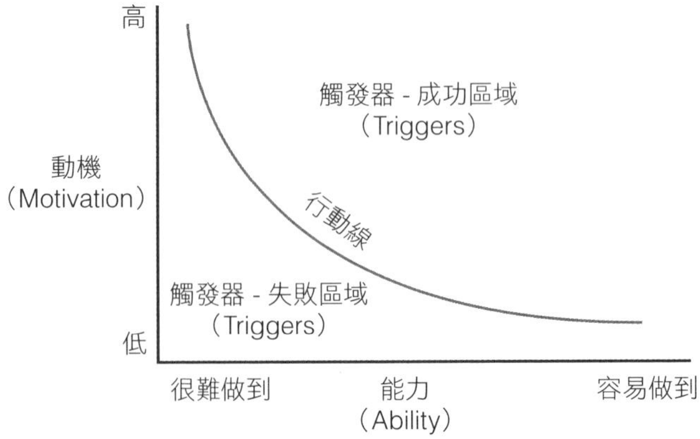

圖 4-1　法格行為模型

又有實施這個行為的能力，同時還有各種觸發器推動你，那麼你就會很樂意去做這件事。

你之所以一拖再拖，遲遲不敢開始做某些重要的事，主要原因就是你認為自己的能力不足以做好這件事。

比如，主管交代了一項任務，請你寫一份專案彙報，並語重心長地向你強調：「這個彙報很重要，好好寫，三天後給我。」

一想到這個彙報要花三天並且要查很多資料，還要求高品質，你心裡可能就會有一點擔心，然後看著時間一點點流逝，手機玩了好幾個小時，就是拿不出動筆的勇氣。

但如果你覺得自己有足夠能力處理手頭任務，你很快就會動手去做了。

如果主管交代任務時換個說法：「關於這個專案的情況，你將自己知道的先寫出來給我，格式不限，內容不限，隨便寫就好！」

你一聽，就會馬上拍拍胸脯說：「沒問題，我這就來整理。」

一旦你將最爛的一稿寫出來（其實只要動手寫，得到的結果往往都會比你以為的「爛」好上很多），主管可能會再對你說：「不錯，在這稿的基礎上修改潤色一下，做成PPT。」

這麼一來一往，同樣是三天時間，你不知不覺就完成了一個品質過關的項目彙報，還省去了痛苦的心理建設過程。

因此，當產生畏難心理時，最好的方法就是告訴自己「**管他呢，先做了再說**」，抱著爛開始的心態，你很容易就開始了。

二、爛開始起的頭，如何更好地走下去

透過爛開始，步子邁出去了，但接下來的路該怎麼走呢？

萬一開始後，再遇到困難該怎麼辦？

你還需要爛開始的絕佳搭檔——短平快來做配合。

所謂短平快，就是將任務分解成一個個週期更短、阻力更小、見效更快的小任務。

1. 短：任務週期短

分解出來的小任務，其完成的週期要小於你保持耐心的時間。

如果你保持耐心的時間是兩天，那分解出來的小任務，最長完成週期就不能超過兩天；如果你保持耐心的時間是兩小時，那分解出來的小任務，最長完成週期就不能超過兩小時。

假如你用得慣番茄鐘，那就更好了，標準的番茄鐘的一個週期只有二十五分鐘，再怎麼沒耐心的人，很大機率也能接受這個週期。

2. 平：完成阻力小

分解出來的小任務，除了要符合任務週期短這一要求，還要符合完成阻力小的要求，也就是最多要你跳一跳就能完成，甚至不用跳就能完成。

如果某個小任務讓你產生了阻力過大的感覺，你就可以再進一步分解這個小任務，直至覺得阻力足夠小為止。

將任務分解為難度更低的多個小任務後，你就更願意開始做了，因為你的能力完全勝任開頭任務的要求，甚至還能超額完成。

比如，寫專案總結報告時，我不要你寫完了全稿才給我，只要先用思維導圖梳理好大致思路就可以，相較於寫一個完整的項目總結報告，這個開頭的小任務，你是不是更有動力去做？

3. 快：見效快

分解出來的小任務，除了要滿足短和平的要求，還要見效快。最好是一完成，就有即時的表揚或獎勵這樣的正向回饋。

如果在完成前幾個小任務後，你不斷得到正向回饋，是不是就更有自信和動力繼續往下做？哪怕後面的幾個任務遇到了挫折和挑戰，你也不會隨便放棄，而是更願意去挑戰。

這就是著名心理學家亞伯特．班度拉提出的自我效能感的作用，**自我效能感高會讓你很有自信，覺得有能力完成某項任務**。

所以，只要反覆體驗過幾次成功，就會覺得自己擅長這類事情，以後即使遇到了問題，也不會認為是自己能力不足，而是會充滿自信地尋求解決方案。

許多遊戲就是利用了短平快的原理讓你沉迷的。

短：每一關所耗費的時長都在你的耐心範圍內，特別是前幾關任務，很快就能完成；

平：每一關的難度都在你的能力範圍內，你跳一跳就搆得到；

你每取得一個微不足道的進步，系統要嘛給你放音樂、放煙火；要嘛滿屏都是誇獎你的話，比如「你真棒」；要嘛就是雙管齊下，一邊放煙火，一邊誇獎你。

你也可以參照遊戲利用的短平快原理，讓自己沉浸在任務裡。

三、爛開始的開頭，如何得到高品質的結果

有了爛開始和短平快，你既願意第一時間就動手做，又願意持續做下去，開頭和過程做減法的問題都解決了，那麼如何保證雖然開頭爛，但結果不爛呢？

方法也很簡單，就是多優化。

以寫一個彙報PPT為例，你可以分為四稿來優化。

先按自己已知的內容，寫第一稿粗略的PPT；

補充資料，修改出第二稿；

調整邏輯，輸出第三稿；

美化PPT，輸出第四稿。

開始的第一稿雖然爛，但隨著短平快地輸出第二稿、第三稿，到第四稿完成，你會發現最後輸出的就是一個高品質的PPT。

因此，只要抓好下面兩個優化的關鍵，再爛的開始，最終都會優化出一個高品質的結果。

1. 明確每一輪的優化目標

優化與重複最大的區別是，優化後會產生比優化前更好的內容。

因此，在開始下一輪優化前，需要先明確本輪優化主要有哪些不足。

還以做項目總結彙報為例。

你按爛開始的方式，將自己知道的專案情況一口氣先寫出來了，那在做第二稿優化前，就要先明確第一稿有哪些不足，比如，是資料不全？還是邏輯不通？

若是資料不全，那下一輪的主要優化目標就是補充資料；若是邏輯不通，那下一輪的主要優化目標就是調整專案總結彙報稿的邏輯。

2. 每一輪的調整要聚焦

用多優化的方法分解任務時，最後一輪優化前的所有輸出其實都不完美，有很多需要修改的地方。特別是前兩輪優化的輸出幾乎可以稱得上千瘡百孔，不忍直視。

所以，在每輪優化時，只要聚焦於本輪優化的主要目標，其他部分哪怕再差都暫時擱置，留待後幾輪再優化，千萬別想著一下子就能得到完美的結果。

比如，第二稿優化的目標是調整邏輯，那優化時就只盯著這個重點，哪怕優化時看到錯別字了，都可以坐視不理。

這樣才能更短平快地完成一輪又一輪的優化，否則無論是完成週期還是完成難度，都可能超出你的預期，讓你喪失完成這輪優化的耐心和自我效能感。

抱著完美開始的心態，很容易產生畏難心理，遲遲不敢開始。

但如果抱著爛開始的心態，你會發現再難的任務，它的第一步開始都很簡單。再佐以短平快和多優化，再爛的開始都能輕鬆做下去，最終優化出高品質的結果。

沒有開始，完美就永遠是鏡中月，水中花；但只要開始了，哪怕再爛，最後都可能得到完美的結果。所以，敢於讓一切從「爛」開始吧！

第三節

降低對過程的自律要求，接受自己的拖延

知道有些事做得剛剛好更好，又知道了即使爛開始也會有好結果，大部分人已經能破除自己的完美主義了。

但如果你是重度完美主義者，可能還會追求做事過程中的絕對自律，要求自己做到每一步都跟計畫嚴絲合縫，不能接受自己的拖延。

其實這大可不必，因為即使過程有拖延，最終的結果依然可以剛剛好。

胡適就分享過類似的拖延日記。

既然連公認的名人都會拖延，那就說明這種現象有存在的必然性，是不可避免的。

因為，**拖延與生物進化密不可分**。

在茹毛飲血的遠古時代，誰都不知道明天會發生什麼，所以只能追求眼前利益，「今朝有酒今朝醉」。如今，雖然人們的生存有了基本保障，但刻在基因裡的東西不會輕易改變。在你想未雨綢繆、提前規劃時，基因就會跳出來反對：急什麼，先活在當下，明天的事明天再說。

這種刻在基因裡的拖延，不是定個目標再督促自己幾句就能克服的，因此享受拖延的積極作用，並採用更科學的方式來適應拖延才是可行之道。

一、享受拖延的積極作用

哥倫比亞大學教授安吉拉（Angela Hsin Chun Chu）在其論文〈對拖延的再思考：態度和行為中「積極拖延」的正面效果〉（*Rethinking Procrastination: Positive Effects of "Active" Procrastination Behavior on Attitudes and Performance*）中，挖掘了很多拖延的積極作用。其中有兩點很有參考意義。

1. 拖延可以幫你逃避壓力和焦慮

拖延是一種個體本能產生的防禦機制，它能幫你逃避過度的壓力和焦慮。如果這個防禦機制出了問題，可能會讓你出現其他更嚴重的問題。比如記憶力損害，因為長期的慢性緊張會殺死海馬體細胞，誘發強迫症等。

2. 拖延可以激發你的創新思考

接納拖延，會讓大腦從緊張的關注截止日的聚焦模式裡走出來，進入更放鬆的發散模式，大腦在處於發散模式時，能激發出各種創新的點子。

你看，拖延有這麼多積極的作用，因此不要總想著過程要很完美，一點都不能拖延。

一旦接受了拖延的積極作用後，就可以用下面三種方法來減少拖延了。

方法一：「以疏代堵」，避免適得其反

執行過程一點都不拖延的背後是絕對的自律，其本質就是對自己各種欲望的封堵。

這種看似理想的要求，不僅做不到，而且對各種欲望封堵得越厲害，受到的反作用力越大。

就像大禹的父親鯀採用封堵的方法治水失敗一樣。鯀治水時，採用的是修築堤壩的方法，哪裡發水就去哪裡修築堤壩，並隨著水勢的升高，逐年加高加厚堤壩。但水患無處不在，鯀只能疲於修築堤壩，而且已有的堤壩還會被水衝破，造成更大的破壞。

而禹治水的方法與他的父親鯀不同。他更側重疏導，疏通各地的水道，使水能夠順利地東流入海，成功治理了水患。

對於欲望，我們也要採用順勢而為的方法，不盲目追求絕對的自律，而是適度疏導自己，允許自己有懈怠的時候，有計畫拖延完成不了的時候。

比如，覺得有點累了，那就去打個盹兒再來學習，而不是強打精神、暈暈沉沉地

繼續；心裡很想看新上映的電影，那就擠出時間看完再繼續學習。

這種側重疏導而非封堵的做法，在快速滿足欲望後，反而會幫你減少拖延。否則，你最可能的表現是：**拚命壓抑自己工作一天後，晚上報復性熬夜，甚至報復性放縱好幾天，浪費的時間更多**。

方法二：「積極調整」，允許自己重整旗鼓

「以疏代堵」會讓你避免過度追求絕對的自律卻適得其反，疏導之後，就要積極做好失控後的調整了。

你可以回想一下，下面這個場景是否似曾相識。

今天你突然鬥志昂揚，決定從明天起做一個超級自律的人，因此制訂了一份雄心勃勃的計畫，把從六點到十一點應該做什麼都安排好了。

結果第二天，你六點沒能起床。看到第一項任務就沒能完成，完美的計畫被破壞，你的雄心壯志立馬就消失了，想著今天就算了，明天再開始。

結果第三天臨時發生了一件事，計畫又未能執行，你非常沮喪，然後就徹底放棄這個計畫了。

隔了一個月後你突然又有鬥志了，將以上過程又重複了一遍……。

上面這個場景就是完美主義者執行計畫的「標準」過程：**計畫失敗↓沮喪↓放棄↓過一陣子再制訂新計畫↓計畫繼續失敗**。

計畫失敗並不可怕（因為在絕大多數情況下，我們的計畫都不能按時完成），但計畫失敗後的沮喪和放棄才可怕。

因此，如果在計畫失敗後不是放棄，而是積極分析計畫為什麼會失敗以及怎樣去調整，執行計畫的過程就會變成：**計畫失敗↓指責自己↓分析計畫失敗的原因↓有針對性地進行調整↓繼續執行調整後的計畫**。

用這個允許自己重整旗鼓的過程重新面對早起失敗的場景，你的畫風就迴然不同了。

六點未能起床，你指責自己發洩情緒後，就可以快速分析一下，為何第一項任務就未能執行？

原因有以下兩個：

第一，自己一向都是七點半才起床，突然提前到六點改變過大，一下子調整不過來。

第二，執行計畫對自控力要求太高，制訂的計畫苛刻又缺少彈性，導致不得不將一些事情安排到六點就開始。

分析出原因後，就可以有針對性地進行調整了。

①從當天的計畫裡刪掉至少三分之一的內容。

②原先安排在六點起床後要做的事，如果要繼續做，就推遲到當天空出來的時段裡完成。

相較於原先不是一百分就是零分的做法，這種調整方式能讓你更坦然地接受已發生的拖延，從而能夠在開頭不順利或中途遭遇挫折時，以不完美的狀態繼續做下去，最終依然能實現自己的目標。

方法三：克服能力實體觀，拒絕故意的拖延

在完美主義者的意識裡，我做的事直接反映了我的能力，我的能力決定了我的價值。這種沉重的思想包袱，讓他們容不得瑕疵的存在，要嘛不做，要做就要做到最好。

這就是適應不良型完美主義者普遍持有的一種能力實體觀。

能力實體觀來自心理學教授卡蘿・杜維克（Carol Dweck）提出的內隱能力理論。這個理論認為，人們對能力和勝任力有兩種不同的內隱觀念，即能力實體觀和能力增長觀（見圖4-2）。

（1）持能力增長觀的人認為，能力是可以透過努力提高的

他們會將工作和學習看作提高自身能力的機會，他們追求的是發展自身的能力，高成就和積極評價反而是這個追求的副產品。

他們不在意某次或某幾次的失敗，更不會由此認定自己能力差，只會認為這是由於自己目前的方法不好或努力不夠導致的，並會積極改進。

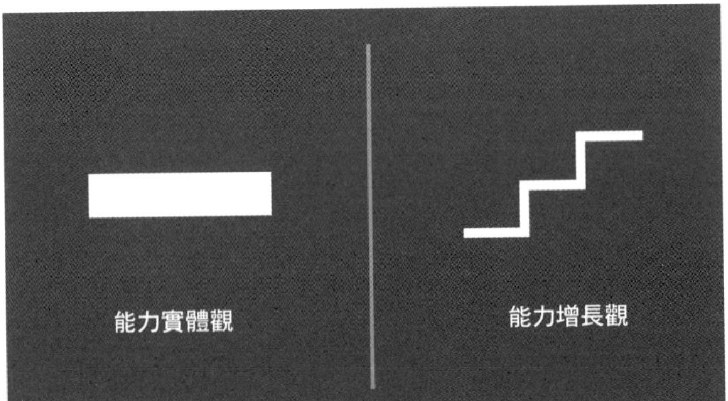

圖 4-2　能力實體觀與能力增長觀

（2）持能力實體觀的人認為，能力是固定的，不可改變的

他們會將工作和學習看成對自身能力的一種檢驗，他們關心的是如何證明自己的能力，獲得高成就，避免因失敗導致的消極評價。

持能力實體觀的完美主義者相信能力是固定的，因此寧可承受拖延帶來的痛苦後果，也不願意承受努力之後卻失敗了的恥辱。相較於「無能」（這就是他們深感恐懼的失敗），他們更願意被貼上「懶」、「不用心」等標籤。

比如，一旦某次數學考試沒考好，持能力實體觀的人就容易認為自己的數學能力甚至學習能力不行，並產生焦慮、羞愧、沮喪的消極情緒，嚴重的甚至會故意放鬆數學的學習，以此來證明自己不是能力不行，只是自己沒學而已。

透過故意拖延或懈怠，他們可以維護自己的信念：我的潛在能力是不可限量的，這件事如果我早一點開始或更投入一點，絕對可以做得很好。

對於這類拖延，不僅不能給自己任何藉口，還要杜絕，用能力增長觀的認知來代替能力實體觀的認知。要從心理上接受自己低品質的表現，將低品質的表現與個人能力脫鉤，認識到某幾次低品質的表現，並不等同於自己能力不行。

追求執行過程的完美，不允許自己有拖延，這個出發點是美好的，但結局往往不

美好，最終不是拖延得更嚴重，就是徹底放棄。

意志力有限決定了當前的人類很難做到絕對自律，各種欲望越被壓抑，反而越會爆發，或者以各種心理疾病，甚至心理扭曲的方式呈現。

將認知從能力實體觀轉變為能力增長觀，認識到拖延的積極作用，接納拖延並積極調整，你會發現，雖然過程不完美，但取得的結果卻超乎你想像的美好。

第四節 避免對結果的自我苛求，多多自我諒解

完美主義者除了做事前就會制定很高的標準、對做事的開頭有著完美預期、對做事的過程追求絕對自律，對做事的結果還有著苛刻的自我要求。

一件事哪怕別人覺得已經做得不錯了，完美主義者還會吹毛求疵，反思自己哪裡還不夠好，如果發現有問題了，那就更得將自己批評得一無是處。

從小我接受的教育就是這樣：要自我嚴格要求，多做自我批評。

我對此深信不疑，尤其在求學期間更是身體力行。但自從工作後，這個信念就逐漸開始動搖了。等到我創辦YouCore，接觸各種類型的學員後，這個信念就徹底崩塌了。

為什麼呢？

因為太過嚴厲的自我批評對我們普通人，尤其是完美主義者來說，會有下面三個嚴重的副作用。

一、自我效能感降低

自我嚴格要求、多做自我批評的本質，就是要求出現問題後多找自身原因，甚至只找自身原因。

多找自身原因確實有其必要，因為它能幫你發現不足。但不能矯枉過正，如果自我批評過於嚴厲，就會導致自信水準下降，甚至導致自我否定，也就是自我效能感降低。

一旦自我效能感降低，就會習慣性地認為自己不行。

比如，第一次見客戶後結果不好，回來痛定思痛總結了十八項原因，全是對自己的問責：自己懶、自己笨、自己口拙、自己不會揣摩人心等。在十八項原因裡，壓根沒提公司沒有對自己做拜訪前的培訓，也沒有為自己提供相應的指導與方法。

於是，一想到下週又要去拜訪客戶，你難免就要在心裡打退堂鼓：算了，我不是做售前的料，要不轉行算了。

二、自我妨礙策略的誘發

根據社會心理學的研究，人都是有自尊傾向的，尤其是完美主義者，自尊傾向更嚴重。

當過於嚴厲的自我批評碰上自尊傾向時，矛盾就來了：過於嚴厲的自我批評要求你將原因都歸在自己身上，但自尊傾向又不允許你貶低自我。

這種矛盾會誘發你採取一種自我欺騙的心理策略，即自我妨礙策略。

什麼意思呢？

就是你還是會將失敗歸因於自己，但會找一個讓自己的自尊能接受的理由，然後再有意地將這個理由刻意放大為主要原因。

比如，考試前努力複習但是沒及格，下次考試前就會故意不複習。

這樣，雖然兩次考試都沒及格，但相較於第一次考試，第二次考試沒及格你心裡會好受點：不複習，考試沒及格，這只是態度問題；複習了，考試沒及格，這就是能力有問題了。

你看，用這種自我妨礙策略，你攻擊自我的重點就不是自尊程度很低的「能力差」，而是讓你自尊程度高了不少的「不努力」。

放任這種策略發展下去，**你會因為害怕失敗，而去主動製造失敗**。透過自我心理欺騙，即「我不是不行，我只是沒發力」，來回避你對自身能力的攻擊。

三、「得過且過」的惡性循環

過於嚴厲的自我批評會帶來強烈的懊惱感和自責感，從而讓人將接下來的精力和時間，都用於對過去的懊惱和自責。一旦處於自責狀態時，意志力往往更薄弱。

比如，減重時多吃了一頓燒烤，你就會不斷懊惱：「糟了，這週運動的汗又白流了，我怎麼控制力這麼差呢？」

你越想越氣，後來終於給自己找了一個開脫的理由：「人類花了幾百萬年才走到了食物鏈頂端，我這也不吃那也不吃，那做人還有什麼意義！」

於是，那次你不但吃了燒烤，還喝了一杯奶茶，外加一籠生煎包。可吃完後，你更後悔了，可能會想：「我到底在幹什麼？」

一個「放縱——後悔——再放縱——再後悔」的惡性循環就這樣形成了。

你看，原本用於幫自己進步的自我批評，一旦沒用好，反而適得其反，產生很多副作用。因此，你不能一味地自我批評，還要學會自我諒解。

自我諒解能很好地把你從後悔、羞恥、自責和絕望的泥潭中拉出來，打破「放縱——後悔——再放縱——再後悔」的惡性循環。如何做到自我諒解呢？你只要做好下面三個自我提問即可。

自我提問一：我為何會有負面情緒？

第一個自我提問的目的，是為了找出負面情緒的根源，以免你只顧著沉浸在負面情緒裡，而沒有走出來的方法。

舉一個我自己的小案例。

有一天晚上，我十點才到家，發現桌上有半包瓜子，正好肚子有點餓，於是我就在歡快的「哢嚓哢嚓」聲中，輕鬆嗑完了半包瓜子。

之後，我對自己挺生氣。

如果這時想著「我怎麼能這麼沒有控制力呢」，我的情緒就會更糟糕，可能晚上都睡不好覺，這樣連第二天的控制力都受影響了。

但好在我沒有，我試著問自己一個問題：我為何會對自己生氣？

原來，我最近減重成效明顯，正準備一鼓作氣再瘦幾斤，這時碰到了深夜裡的這半包瓜子。瓜子不僅熱量高，還富含油脂，而且我還是臨睡前嗑的，在深夜把這麼多瓜子吃下去，別說再瘦幾斤，甚至可能會又重個一兩斤，減重節奏完全被打亂了，我的惱怒可想而知。

有了第一個提問，人就能從負面情緒裡走出來，開始理性思考了。

自我提問二：其他人也會這樣嗎？

第二個自我提問的目的，是透過發現絕大多數人都有類似的情況，來避免對自己的否定。

比如，我就試著問了自己以下兩個問題。

其他人肚子餓的時候，看到瓜子是不是也會嗑呢？

嗑瓜子本就容易停不下來，其他人一嗑瓜子，是不是也會停不下來呢？

不需要問別人，我自己的認知就能回答這兩個問題。

第一個問題的答案是「肯定會」，否則我開始嗑之前的那半包瓜子去哪了？

第二個問題的答案也是「肯定會」，因為嗑瓜子太簡單了，只要牙齒一碰，就能得到「快準狠」的多巴胺滿足。管理學中甚至有一個「瓜子理論」：一旦開始嗑第一顆瓜子，就會接著嗑第二顆、第三顆、第四顆，最後發現根本停不下來。

既然兩個問題的答案都是肯定的，那就說明絕大部分人在相同場景下都會這麼做，我只是普通人，所以偶爾這麼放縱一下也很正常。

這麼一想，我心裡好受多了，惱怒的情緒瞬間減輕不少。

透過第二個提問，負面情緒就會進一步得到緩解，接下來就開始琢磨如何解決問題了。

自我提問三：我下一步要做什麼？

第三個自我提問的目的，是為了第一時間做出改進，以消除負面影響。自我諒解不是自我放縱的藉口，不能在進行自我開脫後依舊我行我素，繼續放縱。

就像我給自己深夜嗑瓜子的行為開脫後，不能繼續再去喝瓶可樂解解渴，或者第二天晚上繼續嗑，而是要開始思考接下來做什麼，可以消除深夜嗑了這半包瓜子帶來的影響，以及做什麼可以避免類似情況再次出現。

針對深夜嗑瓜子的行為，我採取了以下兩個對策。

第二天少吃一些，以便抵消因嗑瓜子攝入的多餘熱量。

拜託家人，以後不要再讓零食出現在我的視線裡。

這麼安排後，不但負面情緒完全消失了，而且還挺心滿意足地睡了一個好覺。

透過上面這三個自我提問完成自我諒解後，我相信，你也不會在負面情緒中過多停留，更不會「得過且過」，徹底放縱自己。

過於嚴厲的自我批評看似正確，但實際上弊大於利，你很容易在負面情緒裡耗盡精力，喪失前進的勇氣；正確的自我諒解看似放鬆要求，實則更能提高你持續做好一件事的韌性。

人生只有走出來的美麗，沒有惱怒出來的輝煌。祝你在自我諒解中變得越來越優秀！

本章小結與討論

讀完這一章會發現，你不需要是「完人」，甚至哪怕毛病一大堆，一樣可以很優秀，一樣可以在別人眼中「光芒萬丈」。就像我這樣，在YouCore官網發個文章有時都會拖延的人，你依然會覺得還不錯。所以，是否完美並不重要，重要的是要做好下面四點減法。

減少對標準的過度提高，做到剛剛好。
破除對開頭的完美預期，敢於從「爛」開始。
降低對過程的自律要求，接受自己的拖延。
避免對結果的自我苛求，多多自我諒解。

加拿大民謠詩人李歐納．柯恩（Leonard Cohen）說：「不夠完美又如何，萬物皆有裂痕，那是光照進來的地方。」祝福我們都能走出完美主義的禁錮，與缺憾和解！

5 CHAPTER

綜合應用：333時間管理法

減少貪多求快、減少過高期待、減少過度消耗、減少完美主義，做減法的這四大策略，無論單獨應用哪一點，我相信都一定能大大提高你在工作、學習、生活中的效率，減輕你的壓力，提升自我掌控感。

如果你還能將這四大策略融會貫通、綜合應用，那效果將更加顯著。

在本書的綜合應用篇裡，我將以「333時間管理法」為例，示範綜合應用做減法的四大策略，是如何提升你的時間管理、精力管理和自我管理水準的。

在嘗試「333時間管理法」之前，我嘗試過很多時間管理方法，但坦白說，效果都不大好。有些方法過於理想化，看起來很美好，但實際操作起來很困難，比如嚴格的計畫表；還有一些方法過於碎片化，單獨使用時可能有一些說明，但組合起來使用時卻不協調。例如，當番茄鐘和日回顧的某些功能重疊時，應該如何處理？日程表、備忘錄、清單和日曆，應該選擇哪一個？

融合了做減法的四大策略的「333時間管理法」與已有的時間管理方法不同，它既解決了方法理想化的問題，又解決了方法碎片化的問題，我個人、整個YouCore團隊，以及來YouCore學習的學員，在採用這個方法後，每個人的時間管理、精力管理和自我管理水準都有了顯著的提升。

這個時間管理方法，之所以叫「333時間管理法」，是因為它由三個部分組成，每個部分又包含三個要素，如圖5-1所示。

第一個部分包含三大規劃原則：要事第一、足夠彈性、以終為始。主要應用了減少貪多求快、減少過高期待兩大做減法的策略。

第二個部分包含三大執行方法：爛開始、超專注、習慣化。主要應用了減少完美主義這一做減法策略，以及減少過度消耗這一做減法策略中的減少意志力消耗方法。

第三個部分包含三大長期保障：體力保障、腦力保障、情緒保障。主要應

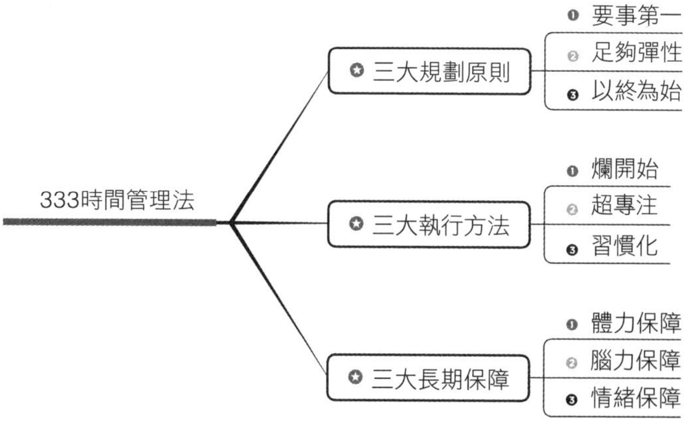

圖 5-1　333 時間管理法

用了減少過度消耗這一做減法策略中的減少體力消耗、減少腦力消耗、減少情緒消耗的方法。

由於深度融合了四大做減法策略，「333時間管理法」可以有效地解決以下問題：

有時時間不夠用，有時卻又閒得不知道幹什麼；

每天忙得不可開交，但重要的事好像一點都沒完成；

總是在拖延，有些事拖得自己都不好意思再提；

總覺得筋疲力盡，晚上不想睡、早上不想起。

「333時間管理法」的具體落實，由循環的四項任務構成。

（1）準備：適合自己的時段及事項劃分；

（2）規劃：制訂可行的週計畫；

（3）執行：更高效地執行週計畫；

（4）應變：靈活應對各種意外情況。

現在，讓我們從「準備：適合自己的時段及事項劃分」開始，踏上「333時間管理法」的落實之旅。

第一節

準備：適合自己的時段及事項劃分

根據以終為始的規劃原則，我們先來看看在第一項任務裡，需要輸出的「終」是什麼，如圖5-2所示。

這個時段及事項劃分的輸出，包含兩個部分。

1. 一週時段劃分

將一週的時段分成四種類型：要事時段、計畫內其他事項時段、留白時段和彈性

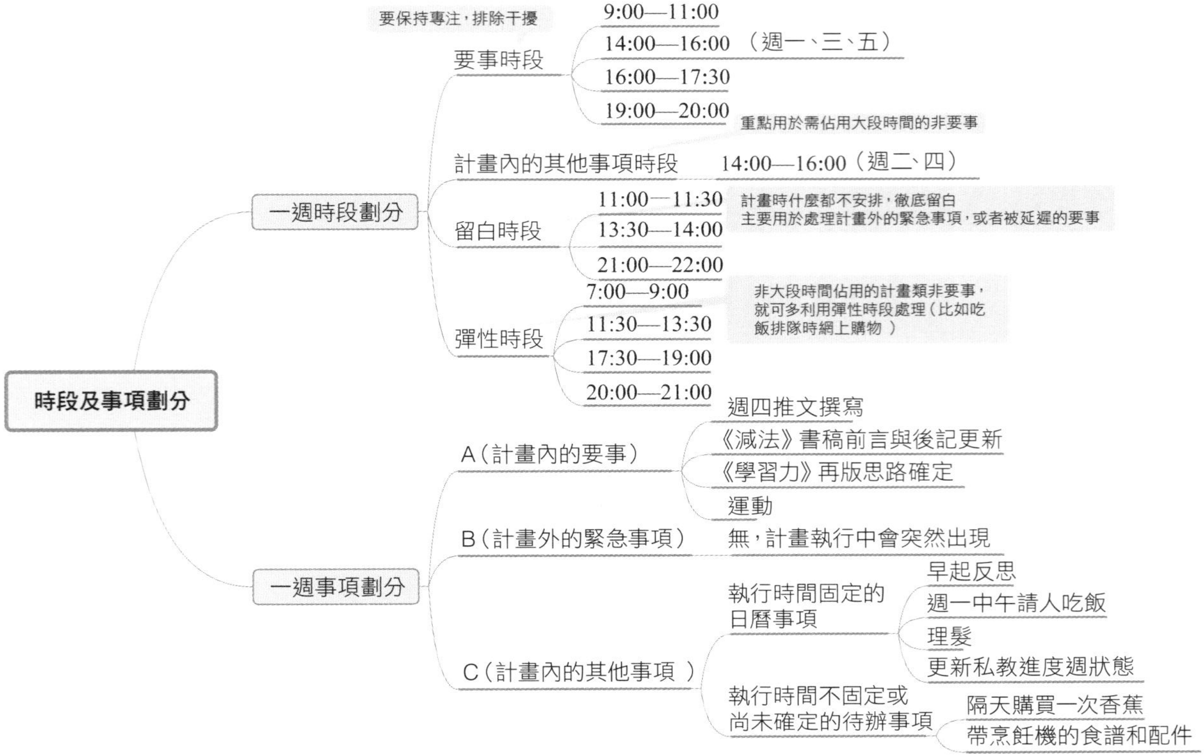
時段及事項劃分
一週時段劃分
要保持專注，排除干擾
要事時段
9:00—11:00
14:00—16:00 （週一、三、五）
16:00—17:30
19:00—20:00
重點用於需佔用大段時間的非要事
計畫內的其他事項時段
14:00—16:00（週二、四）
留白時段
11:00—11:30
13:30—14:00
21:00—22:00
計畫時什麼都不安排，徹底留白
主要用於處理計畫外的緊急事項，或者被延遲的要事
彈性時段
7:00—9:00
11:30—13:30
17:30—19:00
20:00—21:00
非大段時間佔用的計畫類非要事，
就可多利用彈性時段處理（比如吃
飯排隊時網上購物 ）
一週事項劃分
A（計畫內的要事）
週四推文撰寫
《減法》書稿前言與後記更新
《學習力》再版思路確定
運動
B（計畫外的緊急事項）
無，計畫執行中會突然出現
C（計畫內的其他事項 ）
執行時間固定的
日曆事項
早起反思
週一中午請人吃飯
理髮
更新私教進度週狀態
執行時間不固定或
尚未確定的待辦事項
隔天購買一次香蕉
帶烹飪機的食譜和配件

圖 5-2　時段及事項劃分的輸出

圖 5-3　輸出時段及事項劃分的四個步驟

時段。

2. 一週事項劃分

將一週的事項分成三種類型：A類（計畫內的要事）、B類（計畫外的緊急事項）、C類（計畫內的其他事項）。

為了輸出這個時段及事項劃分的成果，你需要按順序完成四個步驟，分別是：①劃分時段；②歸類時段；③列出所有事項；④歸類事項，如圖5-3所示。

步驟一：劃分時段

在這一步中，我們需要將一週的時間劃分為不同的時段，類似於圖5-4所示的思維導圖。其中每個時段最長不得超過二小時。

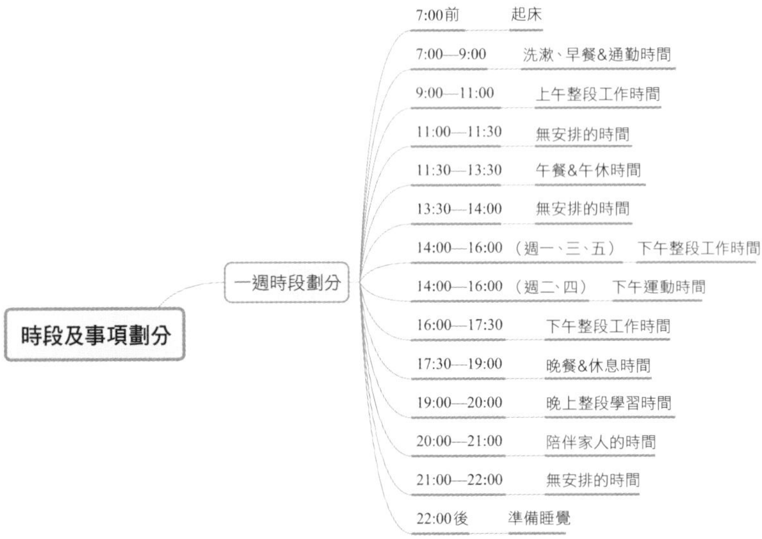

圖 5-4 一週時段劃分

為什麼要劃分時段呢？

這是「333時間管理法」中三大執行方法中的習慣化的應用，目的是讓你的排程更規律化，讓行動更自動化。

排程規律化，會帶來兩個特別的好處。

好處一：事項的安排更符合你自己的生理時鐘

例如，你的生理時鐘使你習慣了七點起床，你沒必要在六點就安排自己起床看書。這樣的早起看似多了一小時，但由於起得過早，你整天都會感到萎靡不振，實際上浪費的時間遠遠超過了早起的一小時，得不償失。

好處二：減少意志力消耗，事項執行更自然、更輕鬆

例如，你已經習慣十一點半吃飯，一點午休，你可以根據這兩個已經自動化的行動來安排事項。這樣哪怕不看計畫，你也知道該如何去做，而且還會很輕鬆、很自然，不需要特別注意，更不需要耗費寶貴的意志力來迫使自己去執行。

具體如何劃分一週的時段，可以循序執行下面四個動作。

動作1.1：分別寫下起床和睡覺的時間，如圖5-5所示。

如果工作日和週末的起床及睡覺時間不一致，可以分別列出工作日和週末的起床及睡覺時間。

動作1.2：在起床和睡覺時間之間，填入洗漱、一日三餐、陪伴家人、通勤及休息的時間，如圖5-6所示。

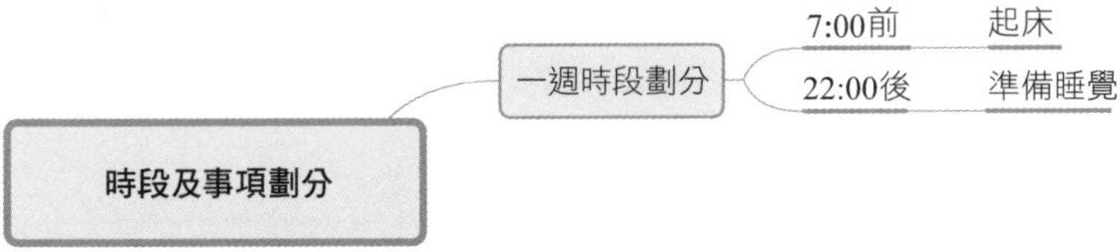

圖5-5　一週時段劃分——動作1.1

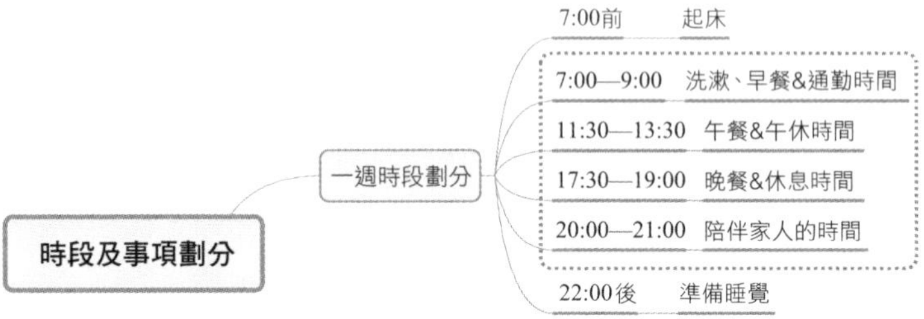
時段及事項劃分
一週時段劃分
7:00前 起床
7:00—9:00 洗漱、早餐&通勤時間
11:30—13:30 午餐&午休時間
17:30—19:00 晚餐&休息時間
20:00—21:00 陪伴家人的時間
22:00後 準備睡覺

圖 5-6　一週時段劃分——動作 1.2

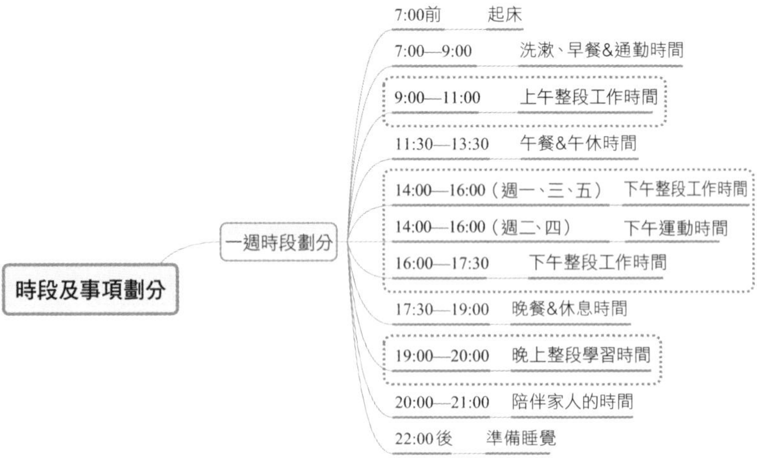
時段及事項劃分
一週時段劃分
7:00前 起床
7:00—9:00 洗漱、早餐&通勤時間
9:00—11:00 上午整段工作時間
11:30—13:30 午餐&午休時間
14:00—16:00（週一、三、五） 下午整段工作時間
14:00—16:00（週二、四） 下午運動時間
16:00—17:30 下午整段工作時間
17:30—19:00 晚餐&休息時間
19:00—20:00 晚上整段學習時間
20:00—21:00 陪伴家人的時間
22:00後 準備睡覺

圖 5-7　一週時段劃分——動作 1.3

在預估洗漱、一日三餐、通勤及休息的時間時，不要過於樂觀，要按悲觀情況來預估，給自己留出充足的時間。

例如，正常的洗漱時間可能要二十分鐘，但有時候會因為等待使用洗手間或肚子不舒服而延遲到三十分鐘，那就要按三十分鐘來預估；正常的上班通勤時間可能是二十五分鐘，但有時候會因為交通擁堵需要四十分鐘，那就要按四十分鐘來預估。

動作1.3：填入工作／學習／生活中的大段時間劃分。

例如，每天九點至十一點是一個大段時間，那就將九點至十一點劃為一個時段；晚上七點至八點會自我學習，那就將七點至八點劃為一個時段，如圖5-7所示。

如果週一、週三、週五和週二、週四的同一時間段安排不同，就將它們劃分為兩個時間段。

動作1.4：補上留白時段。

完成上面三個動作後，如果發現在起床和睡覺之間還有一些留白時段，可以將它們作為未安排事項的時段，如圖5-8所示。

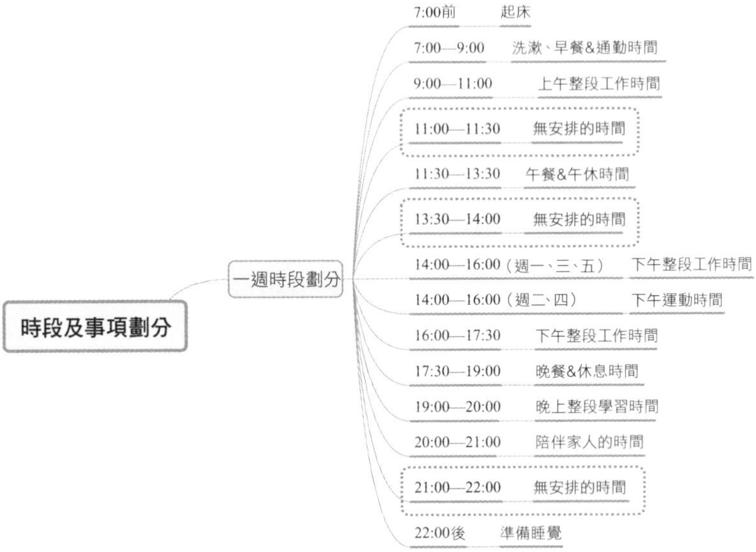

圖 5-8 一週時段劃分——動作 1.4

補上留白時段後，你一週內每天的時段劃分就完成了。

步驟二：歸類時段

在這一步中，我們將對步驟一中劃分的時段進行四個類別的歸類，分別是要事時段、計畫內的其他事項時段、留白時段和彈性時段，如圖5-9所示。

為什麼要進行時段歸類呢？

這就是「333時間管理法」中，要事第一和足夠彈性兩個規劃原則的應用。

對時段進行歸類有兩個好處。

好處一：更能實現要事第一

第一，可以優先保證將你精力最充沛、最完整的時段分配給要事；第二，將非要事分配到其他時段，可以減少這些事項對要事的干擾。

好處二：實現足夠彈性

第一，根據社會心理學的研究，因為自我服務偏差的影響，人們在計畫時往往存在盲目樂觀傾向。例如，明明需要至少四小時完成的要事，通常只會分配三小時，這就導致在三小時內無法完成要事。這時，就可以利用留白時段來

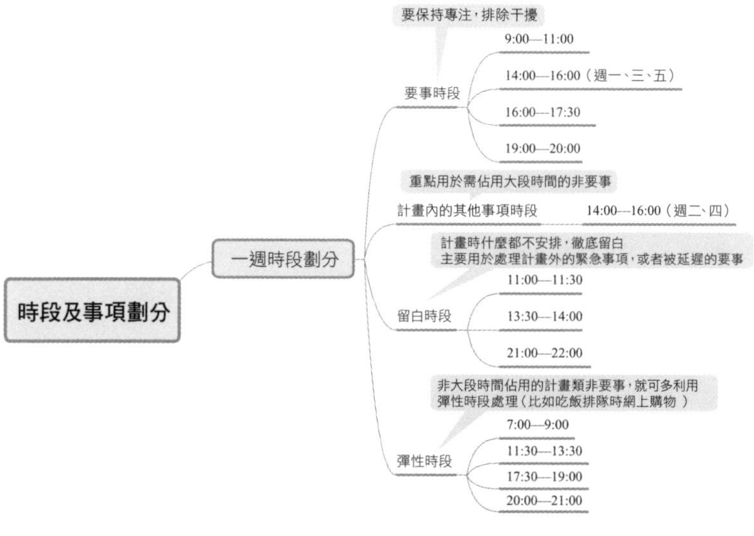

圖 5-9　歸類時段後的輸出

補充額外的一小時。

第二，外部環境是我們無法完全控制的，因此計畫往往趕不上變化，總會出現計畫外的事項。例如，你正在趕報告，主管突然要你去跟客戶開會。假如預留了留白時段，你就可以用這些時間來處理計畫外的緊急事項，或者當原本分配給要事的時段被計畫外的緊急事項佔用時，可以用留白時段來處理要事。

具體如何進行時段歸類，可以循序執行下面四個動作。

動作2.1：歸類要事時段。

將不受干擾且精力充沛的大段時間拿出來，優先作為要事時段。

比如，時段表裡的九點至十一點，週一、週三、週五的下午二點至四點，每天晚上的七點至八點等，如圖5-10所示。

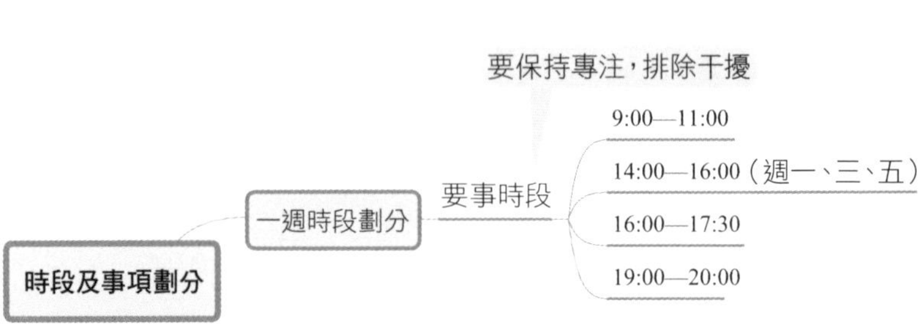

圖 5-10　歸類時段——動作 2.1

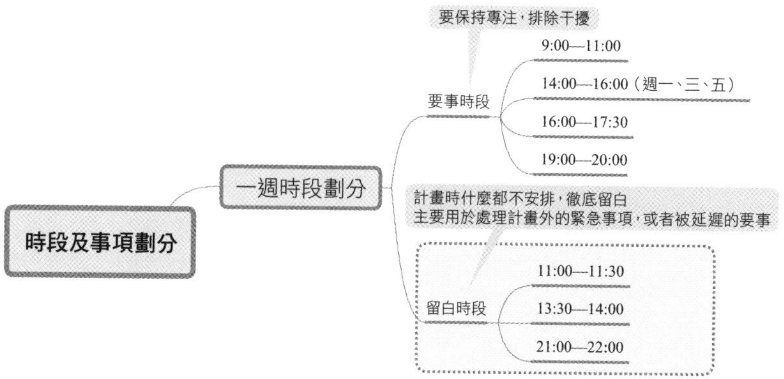

圖 5-11　歸類時段——動作 2.2

動作2.2：歸類留白時段。

將自己精力一般、通常不做什麼安排、至少三十分鐘持續時長的時段設為每天的留白時段。

比如，時段表裡的十一點至十一點半、一點半至二點以及晚上九點至十點，如圖5-11所示。

需要特別注意的是，留白時段在計畫時完全設為空白，不提前安排任何事項。

因為這些留白時段是作為風險儲備設置的，用來應對以下兩種情況：①有計畫外的緊急事項發生；②要事執行延遲後，需要時間補充進行。

假如某天效率高且沒有任何計畫外的緊急事項，你完全可以在留白時段自由發揮，留著發呆或用來休息。

動作2.3：歸類彈性時段。

將已安排事項但很可能不會用掉全部時間的時段，作為彈性時段。

例如，你在吃飯時，還能網上購物；通勤時，還能聽聽音訊；排隊時，還能刷刷新聞等。加入彈性時段後，時段表如圖5-12所示。

你的一些雜務，比如購物、訂票、回覆不緊急的消息等，可以安排在彈性時段處理，這樣既處理了雜務，又避免了彈性時段的無所事事（比如，吃飯前坐著等人到齊就挺枯燥的）。

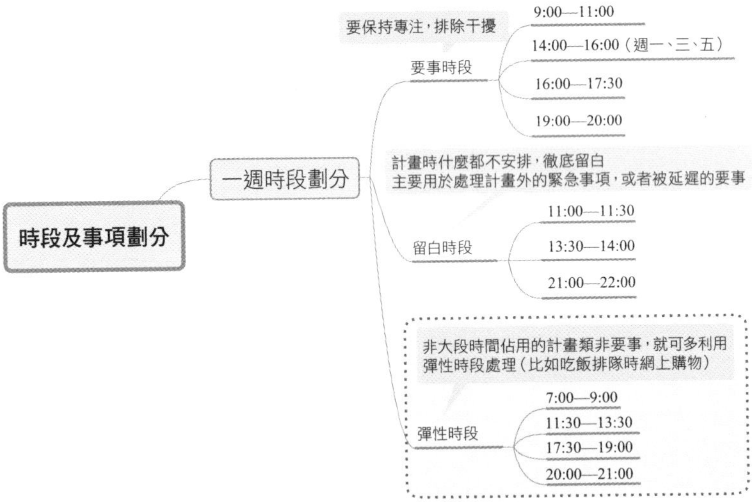

圖 5-12 歸類時段——動作 2.3

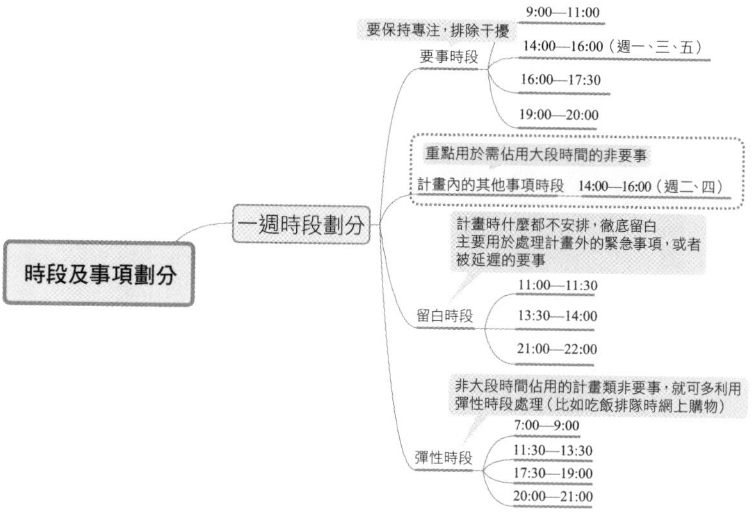

圖 5-13 歸類時段——動作 2.4

動作 2.4：歸類計畫內其他事項時段。

將要事時段、留白時段和彈性時段歸類好後，剩下的時段就作為計畫內的其他事項時段，用於處理需要整段時間處理的非要事。例如，一些時長一小時的會議，一個要花一小時調整格式的檔案等，如圖 5-13 所示。

透過以上四個動作，一週的時段歸類就完成了。

步驟三：列出所有事項

時段歸類好後，我們就要來進

行一週事項的歸類了。

列出一週的所有事項，如圖5-14所示。

在列出一週所有事項時，記得不要進行任何篩選，將你想到的所有事項都列上。這樣，大腦在一段時間內只需要專注於一個類型的任務，效率更高，完成任務的心情也會更好。

具體的做法包括兩個動作。

動作3.1：羅列事項。

列出你的年度計畫、年度日常任務、重要項目、日常週期性任務，以及其他你想到的事項和別人安排給你的事項，如圖5-15所示。

動作3.2：分解事項。

將一些大的事項，如年度計畫、年度日常

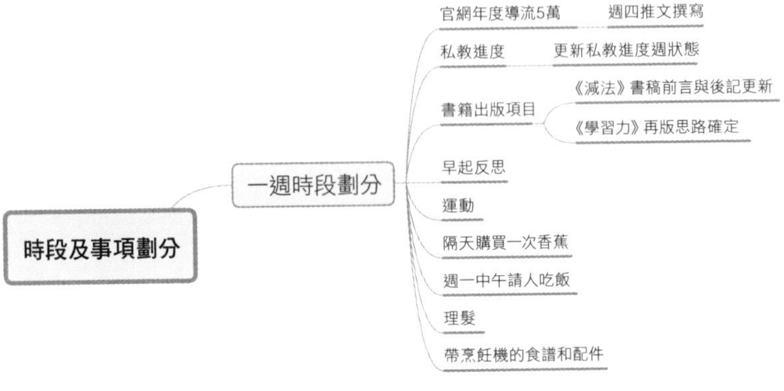

圖 5-14　列出一週所有事項後的輸出

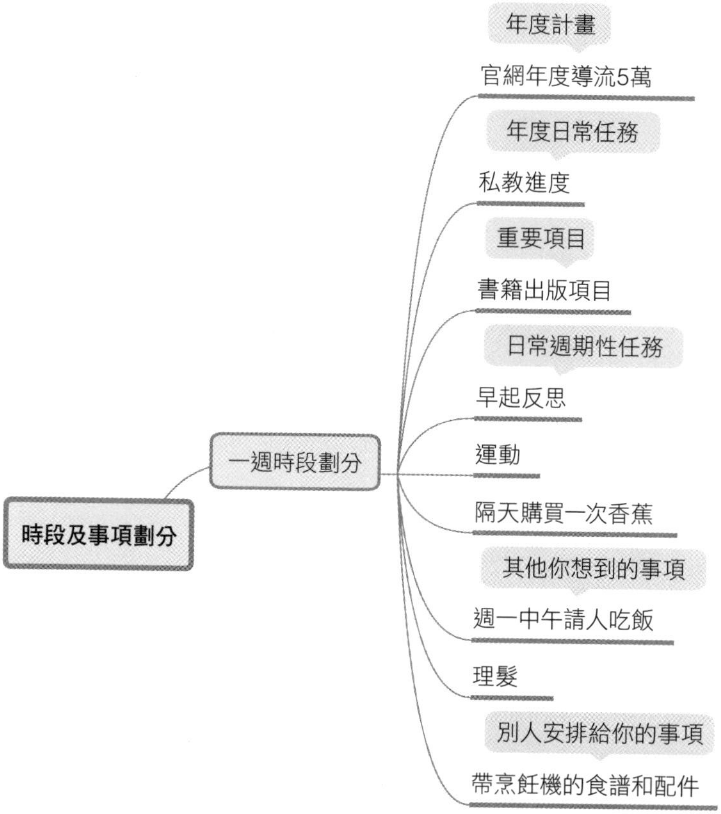

圖 5-15　列出一週所有事項——動作 3.1

任務和重要項目，分解出一週內需要完成的具體事項，如圖5-16所示。

這個分解，就是「333時間管理法」裡以終為始這一規劃原則的應用，它可以讓你專注於當下，聚焦於具體的執行過程，減輕焦慮感。同時，它還能確保你不會偏離整體方向。

透過上面簡單兩個動作，就能夠列出一週所有事項了。

步驟四：歸類事項

當一週所有事項都列出來後，我們要對這些事項進行歸類，輸出一週的事項歸類，如圖5-17所示。

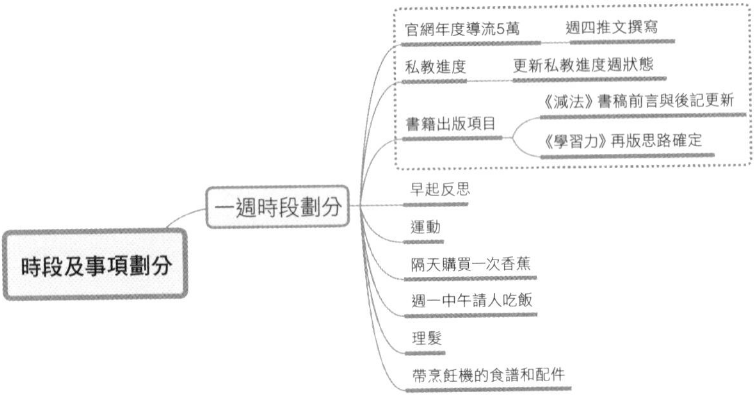

圖 5-16 列出一週所有事項——動作 3.2

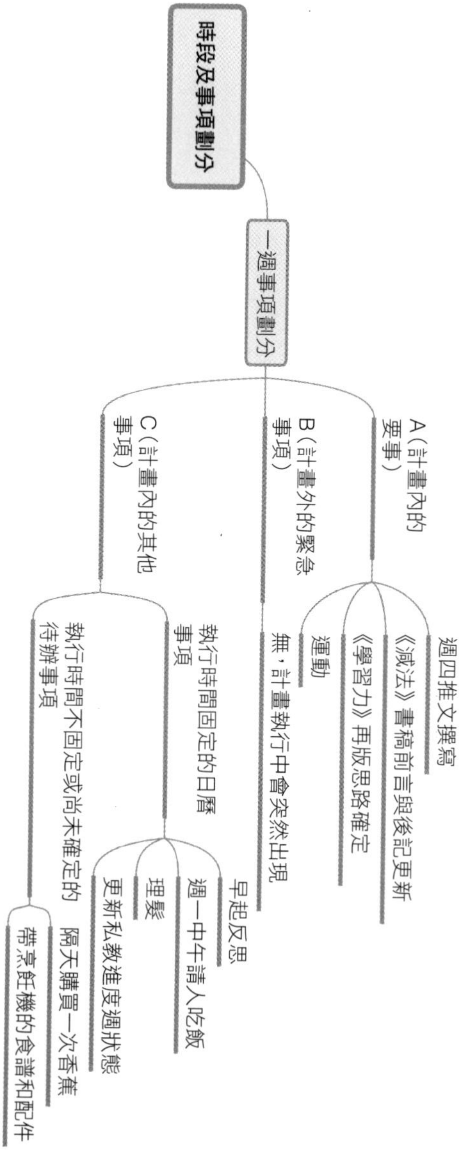
時段及事項劃分
一週事項劃分
A（計畫內的要事）
週四推文撰寫
《減法》書稿前言與後記更新
《學習力》再版思路確定
運動
B（計畫外的緊急事項）
無，計畫執行中會突然出現
C（計畫內的其他事項）
執行時間固定的日曆事項
早起反思
週一中午請人吃飯
理髮
更新私教進度週狀態
執行時間不固定或尚未確定的待辦事項
隔天購買一次香蕉
帶烹飪機的食譜和配件

圖 5-17 歸類事項後的輸出

為什麼要進行事項歸類呢？

這是「333時間管理法」裡，要事第一這一規劃原則和超專注這一執行方法的應用。透過將要事與其他事項區分開，你可以更加專注於要事的完成。

具體的做法是先對要事進行歸類，然後再對其他事項進行歸類。

動作4.1：歸類A類事項。

A類要事主要來自年度計畫、重要專案的分解，或者臨時想起的與你人生目標相關的重要事項，這些事項歸類為A類事項（計畫內的要事），如圖5-18所示。

動作4.2：歸類B、C類事項。

B類事項（計畫外的緊急事項）不需要提前計畫，它們是在執行過程中突然出現的事項。

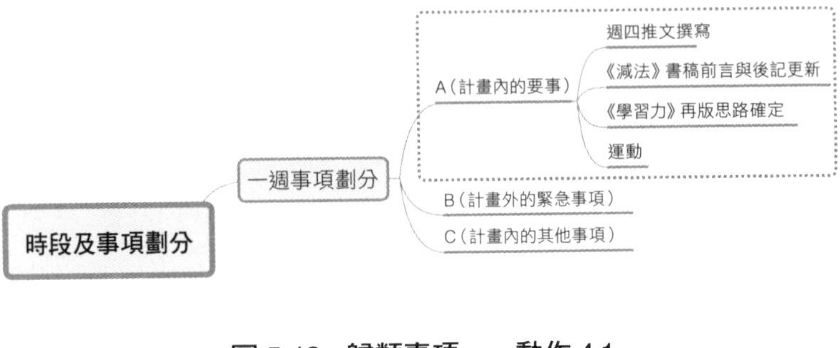

圖 5-18　歸類事項——動作 4.1

將剩下的事項歸類到C類事項（計畫內的其他事項）裡。C類事項又可以分為兩個子類：日曆事項（執行時間固定）和待辦事項（執行時間不固定或尚未確定），如圖5-19所示。

經過以上兩個動作，一週的事項就完成了歸類。

在時段及事項劃分這項任務中，我們一起透過四個步驟（劃分時段、歸類時段、列出所有事項、歸類事項）完成了一週時段和一週事項的整理。

時段及事項劃分，應用了「333時間管理法」裡要事第一、足夠彈性和以終為始的三大規劃原則，以及超專注、習慣化的執行方法，這些原則和方法可以幫你更好地將不同事項分配到更適合的時段。

比如，A類事項（計畫內的要事）會在專門的要事時段完成；C類事項（計畫內的其他事項）會在計畫內的其他事項時段和彈性時段完成；而B類事項（計畫外的緊急事項）則會在留白時段完成，或者佔用要事時段完成，相應的要事再在留白時段完成。

方法雖然簡單，但只要真正實踐這個方法，就一定能感受到時間管理水準有了快速提高。

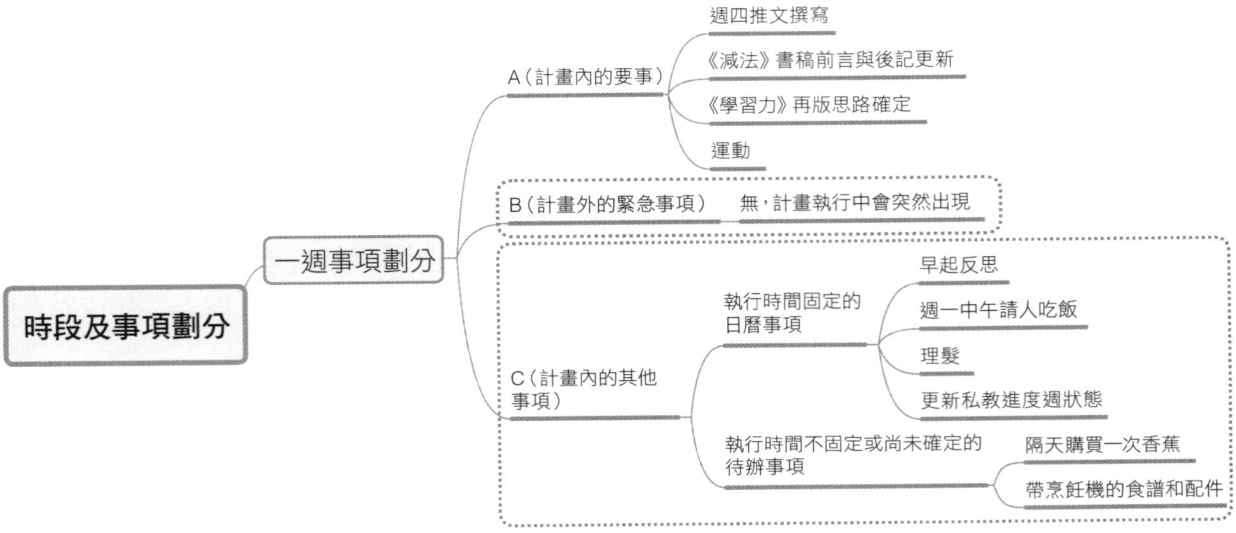
時段及事項劃分
一週事項劃分
A（計畫內的要事）
週四推文撰寫
《減法》書稿前言與後記更新
《學習力》再版思路確定
運動
B（計畫外的緊急事項）
無，計畫執行中會突然出現
C（計畫內的其他事項）
執行時間固定的日曆事項
早起反思
週一中午請人吃飯
理髮
更新私教進度週狀態
執行時間不固定或尚未確定的待辦事項
隔天購買一次香蕉
帶烹飪機的食譜和配件

圖 5-19 歸類事項——動作 4.2

第二節

規劃：制訂可行的週計畫

「333時間管理法」的第二項任務是制訂可行的週計畫，即將時段及事項劃分的結果落實到週要事計畫、日曆和待辦清單中。

根據以終為始的規劃原則，在這項任務中，我們需要輸出三個「終」。

第一個「終」是週要事計畫，如圖5-20所示。

在週要事計畫中，只計畫A類事項（計畫內的要事），其他事項一律不計畫在此表中。

第二個「終」是日曆，如圖5-21所示。

時間 \ 週幾		週一	週二	週三	週四	週五	週六	週日
①黑色：當天原定的工作計畫（計畫內）；②藍色：當天突然增加的任務（計畫外）；③紅色：需重點關注的工作（當天未完成）；④灰色：已完成的工作								
7:00—9:00	計畫	彈性時段：洗漱、早餐 & 通勤時間						
	實際執行							
9:00—10:00	計畫	週四推文提綱梳理（黑色）		週四推文終稿（黑色）		《減法》書稿的後記更新（黑色）		
	實際執行							
10:00—11:00	計畫	週四推文初稿撰寫（黑色）				《學習力》再版思路的導圖梳理（黑色）		
	實際執行							
11:00—11:30	計畫	留白時段（灰色）		留白時段（灰色）		留白時段（灰色）		
	實際執行							
11:30—13:30	計畫	彈性時段：午餐 & 午休時間						
	實際執行							
13:30—14:00	計畫	留白時段（灰色）		留白時段（灰色）		留白時段（灰色）		
	實際執行							
14:00—16:00	計畫	跑步（黑色）		力量訓練、跑步（黑色）		力量訓練、跑步（黑色）		
	實際執行							
16:00—16:30	計畫	週四推文素材補採集（黑色）		留白時段（灰色）		留白時段（灰色）		
	實際執行							
16:30—17:30	計畫	週四推文素材補採集（黑色）		《減法》書稿的前言更新（黑色）		《學習力》再版思路的導圖梳理（黑色）		
	實際執行							

圖 5-20　週要事計畫範例

圖 5-21　日曆範例

日曆中記錄的是C類事項（計畫內的其他事項）中，執行時間固定的日曆事項。要事無須記錄在日曆中，因為你會熟記於心，並知道何時執行，因此不會忘記，無須日曆提醒。

第三個「終」是待辦清單，如圖5-22所示。

待辦清單中記錄的是C類事項（計畫內的其他事項）中，執行時間不固定或尚未確定的待辦事項。

與日曆中的事項相比，待辦清單中的事項的執行時間不固定，只要有空就可以處理，甚至有可能不需要處理。對於待辦清單中的事項，可以設置截止時間，也可以不設置截止時間，具體取決於不同的情況。

將時段及事項劃分的導圖輸出為上述三個「終」需要經過四個步驟，分別是：①分配時段；②更新要事；③更新日曆；④更新待

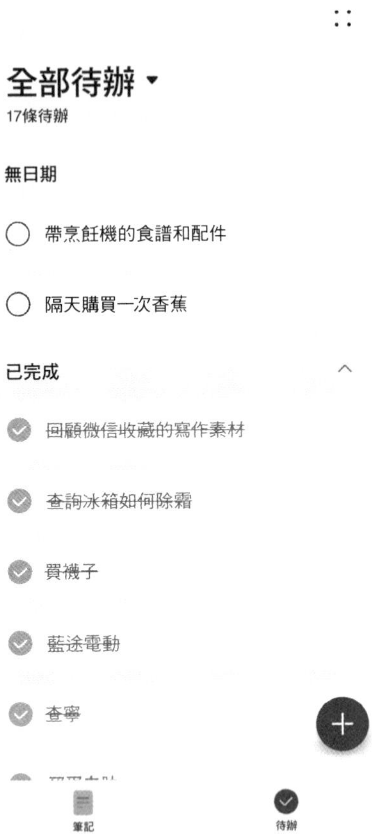

圖 5-22　待辦清單範例

圖 5-23　制訂週計畫的四個步驟

辨，如圖5-23所示。

步驟一：分配時段

在這一步驟中，我們需要將一週的所有事項分配到每天的不同時段，如圖5-24所示。

具體的分配方式可以按照以下兩個動作循序執行。

動作1.1：將時段分為七天，如圖5-25所示。

在時段及事項劃分的

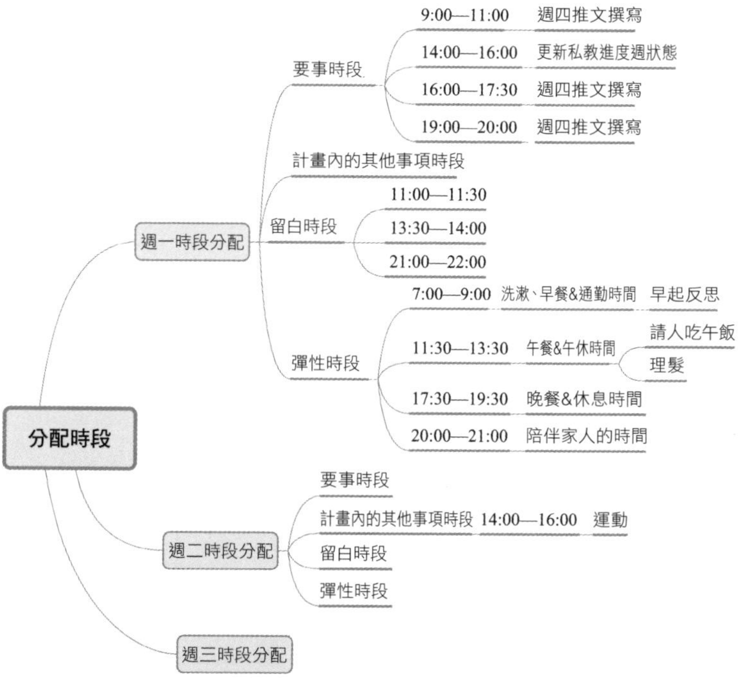

圖 5-24 分配時段的輸出

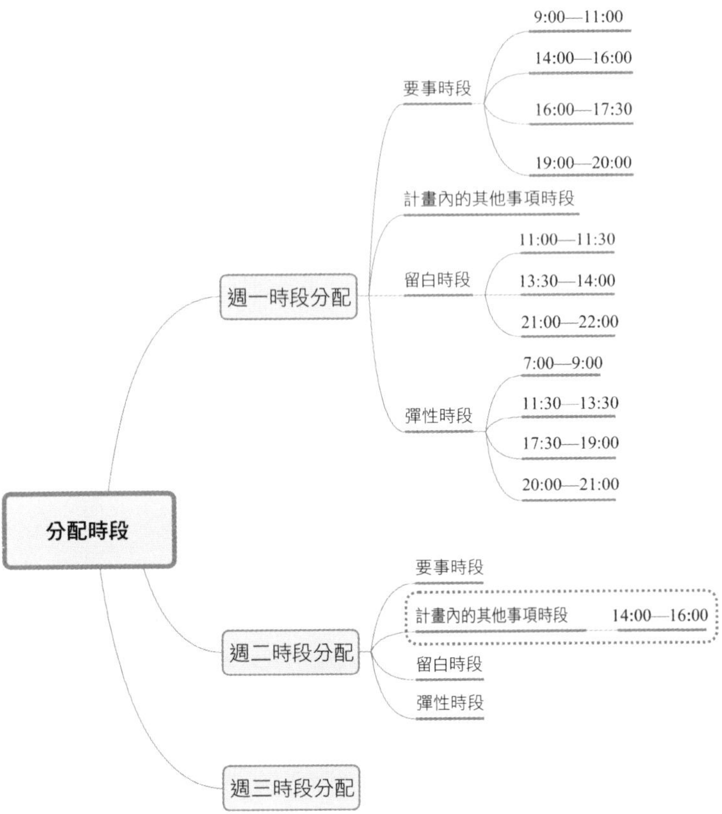

圖 5-25　分配時段——動作 1.1

導圖基礎上，新增週一到週日共七天的時段分配節點，然後將之前劃分好的時段複製到每一天的節點後。

在複製時需要特別注意，不同天的時段劃分可能會有所不同。

例如，在圖5-25中，週一的下午二點至四點是要事時段，而週二的下午二點至四點則是計畫內的其他事項時段。

動作1.2：給各事項分配適合的完成時段，如圖5-26所示。

在每天的時段劃分完成後，接下來是給每個事項分配合適的完成時段。A類事項（計畫內的要事）應該被分配到專門的要事時段中，這沒有問題。然而，對於C類事項的分配（計畫內的其他事項），需要注意以下三點：

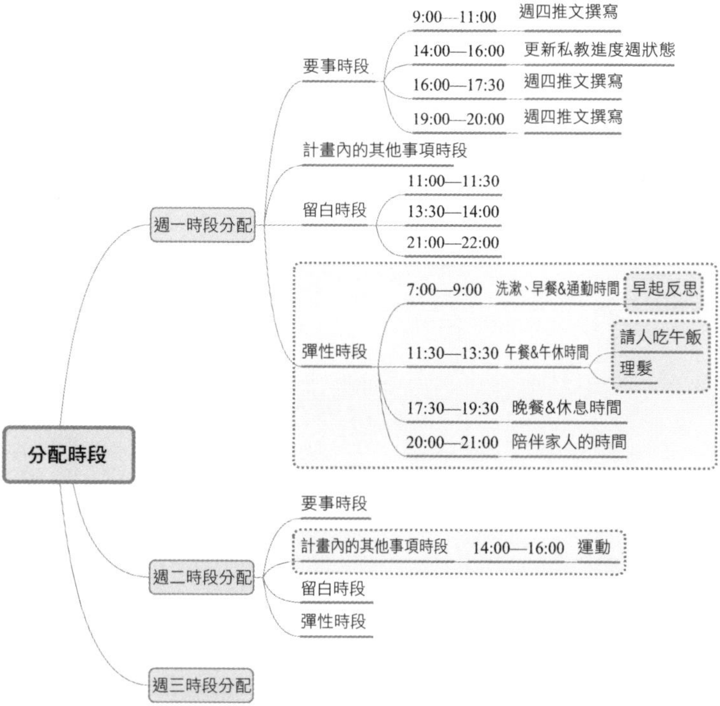

圖5-26　分配時段——動作1.2

①需要連續大段時間且不能分心的事項，應該分配到計畫內的其他事項時段。

②不需要連續大段時間的事項，或者雖然需要連續大段時間但可以在分心的情況下完成的事項，應該分配到各個彈性時段中，比如早起反思、請人吃午飯、理髮等。

③執行時間不固定或尚未確定的待辦事項，不需要提前分配時段，有閒置時間就可以處理，沒有閒置時間則可以不處理。

經過上述兩個動作，就基本確定了每個事項在何時進行以及每個時段需要完成哪些事項。分配時段這個步驟每週只需進行一次，如果以後很熟練了，甚至可以跳過不做。

步驟二：更新要事

在這一步驟中，我們只需要關注要事，並將它們更新到週要事計畫中，如圖5-27所示。

你可以循序執行下面三個動作。

時間 ＼ 週幾		週一	週二	週三	週四	週五	週六	週日
①黑色：當天原定的工作計畫（計畫內）；②藍色：當天突然增加的任務（計畫外）；③紅色：需重點關注的工作（當天未完成）；④灰色：已完成的工作								
7:00—9:00	計畫	彈性時段：洗漱、早餐 & 通勤時間						
	實際執行							
9:00—10:00	計畫	週四推文提綱梳理（黑色）		週四推文終稿（黑色）		《減法》書稿的後記更新（黑色）		
	實際執行							
10:00—11:00	計畫	週四推文初稿撰寫（黑色）				《學習力》再版內容的思路梳理（黑色）		
	實際執行							
11:00—11:30	計畫	留白時段（灰色）		留白時段（灰色）		留白時段（灰色）		
	實際執行							
11:30—13:30	計畫	彈性時段：午餐 & 午休時間						
	實際執行							
13:30—14:00	計畫	留白時段（灰色）		留白時段（灰色）		留白時段（灰色）		
	實際執行							
14:00—16:00	計畫	跑步（黑色）		力量訓練、跑步（黑色）		力量訓練、跑步（黑色）		
	實際執行							
16:00—16:30	計畫	週四推文素材補採集（黑色）		留白時段（灰色）		留白時段（灰色）		
	實際執行							
16:30—17:30	計畫	週四推文素材補採集（黑色）		《減法》書稿的前言更新（黑色）		《學習力》再版內容的思路梳理（黑色）		
	實際執行							

圖 5-27　更新週要事計畫的輸出

動作2.1：修改表格時段。

創建一個新的週要事計畫表，可以使用你熟悉的工具，如Excel、印象筆記中的表格功能等。然後，將根據時段及事項劃分的內容，填入表中每個時段的計畫一行，如圖5-28所示。

需要特別注意以下三點：

①每個時段的持續時間不超過二小時。如果某個時段超過二小時，將其拆分為幾個時段，確保每個時段的持續時間都在二小時以內。

②如果週一有個時段是十點至十一點半，週二有個時段是十一點至十一點半，那麼將其拆為十點至十一點、十一點至十一點

時間 週幾		週一	週二	週三	週四	週五
①黑色：當天原定的工作計畫（計畫內）；②藍色：當天突然增加的任務（計畫外）；③紅色：需重點關注的工作（當天未完成）；④灰色：已完成的工作						
7:00—9:00	計畫					
	實際執行					
9:00—10:00	計畫					
	實際執行					
10:00—11:00	計畫					
	實際執行					
11:00—11:30	計畫					
	實際執行					
11:30—13:30	計畫					
	實際執行					
13.30—14:00	計畫					
	實際執行					
14:00—16:00	計畫					
	實際執行					
16:00—16:30	計畫					
	實際執行					

圖 5-28　更新週要事計畫——動作 2.1

半兩個時段，確保每天的每個時段都有獨立的一行。

③每個時段在表格中占據兩行。上面一行是計畫內容，下面一行是實際執行情況。

動作2.2：標識留白和彈性時段。

優先在週要事計畫表裡，將留白時段和彈性時段標識出來。

如圖5-29所示。

標識留白時段時，將字體顏色設置為灰色。因為在計畫時該時段不安排任何具體事項，因此在這個時段內無論完成什麼事項都可以，所以用代表完成的灰色。

標識彈性時段時，需要注意以下三點：

時間 ＼ 週幾		週一	週二	週三	週四	週五
①黑色：當天原定的工作計畫（計畫內）；②藍色：當天突然增加的任務（計畫外）；③紅色：需重點關注的工作（當天未完成）；④灰色：已完成的工作						
7:00—9:00	計畫	彈性時段：洗漱、早餐 & 通勤時間				
	實際執行					
9:00—10:00	計畫					
	實際執行					
10:00—11:00	計畫					
	實際執行					
11:00—11:30	計畫	留白時段（灰色）		留白時段（灰色）		留白時段（灰色）
	實際執行					
11:30—13:30	計畫	彈性時段：午餐 & 午休時間				
	實際執行					
13:30—14:00	計畫	留白時段（灰色）		留白時段（灰色）		留白時段（灰色）
	實際執行					
14:00—16:00	計畫					
	實際執行					
16:00—16:30	計畫			留白時段（灰色）		留白時段（灰色）
	實際執行					

圖5-29 更新週要事計畫——動作2.2

①使用黑色字體，不加粗，並與留白時段設置相同的背景色，以與要事時段區分開。

②在彈性時段處寫明預留的彈性時段主要事項。例如：「彈性時段：午餐＆午休時間」。

③如果連續幾天的留白時段或彈性時段相同，可以使用合併儲存格功能將它們合併，使週要事計畫表更清晰。

動作2.3：填充要事時段。

第三個動作是在週要事計畫表的要事時段填寫要事內容，如圖5-30所示。

在填寫要事內容時，需要注意以下兩點：

①使用黑色加粗字體。

時間／週幾		週一	週二	週三	週四
①黑色：當天原定的工作計畫（計畫內）；②藍色：當天突然增加的任務（計畫外）；③紅色：需重點關注的工作（當天未完成）；④灰色：已完成的工作					
7:00—9:00	計畫	彈性時段：洗漱、早餐＆通勤時間			
	實際執行				
9:00—10:00	計畫	週四推文提綱梳理（黑色）		週四推文終稿（黑色）	
	實際執行				
10:00—11:00	計畫	週四推文初稿撰寫（黑色）			
	實際執行				
11:00—11:30	計畫	留白時段（灰色）		留白時段（灰色）	
	實際執行				
11:30—13:30	計畫	彈性時段：午餐＆午休時間			
	實際執行				
13:30—14:00	計畫	留白時段（灰色）		留白時段（灰色）	
	實際執行				

圖5-30　更新週要事計畫——動作2.3

②每個要事時段的要事，要拆解為這個時段可以完成的階段成果，最好是可以衡量的成果。

例如，週四推文撰寫這項要事，可以在週一的兩個要事時段中拆解為週四推文提綱梳理和週四推文初稿撰寫，在週三的要事時段中拆解為週四推文終稿。

這樣，每個要事時段的工作就有了明確的目標，並且在完成後可以進行衡量，這正是「333時間管理法」中以終為始原則的應用。

透過以上三個動作，一個既遵循了要事第一的規劃原則，同時又有足夠彈性的週要事計畫，就制訂好了。

步驟三：更新日曆

填寫好週要事計畫後，我們就將A類事項（計畫內的要事）分配到對應的時段了。接下來，我們需要將C類事項（計畫內的其他事項）中執行時間固定的事項，更新到帶有自動提醒功能的日曆裡，如圖5-31所示。

圖 5-31　更新日曆後的輸出

你也許會有疑問：為什麼要將要事和非要事分別放在兩個地方？這樣不是很麻煩嗎？

這是一個非常好的問題。

這樣做應用了「333時間管理法」中要事第一的規劃原則、超專注的執行方法及三大長期保障。

①不將非要事放在週要事計畫裡，可以避免分散注意力去處理這些事項，更容易在要事

時段內專注處理要事。

②當你看到週要事計畫中的事項較少時，會感到心情輕鬆，大腦就能夠調動更多的認知資源和情緒資源。

③將C類事項記錄在日曆中，有兩個特別的作用：

第一，將事項寫下來，人們很容易會覺得它已經完成了，並且感到安心。因此，將非要事記錄到日曆中後，你能夠專注地處理要事。

第二，將這些C類事項記錄到帶有自動提醒功能的日曆中，可以避免遺漏。因為到了執行時間，日曆會自動提醒你。

如何將C類事項記錄到日曆裡呢？

可以利用手機內建的日曆App（或其他帶日曆功能的App），選擇新建日程，填上事項名稱、開始／結束時間，以及是否要定時或重複提醒。

逐一填好後，就得到了一個既安排好了時段，又有自動提醒功能的日曆。圖5-32是更新日曆步驟的示意圖。

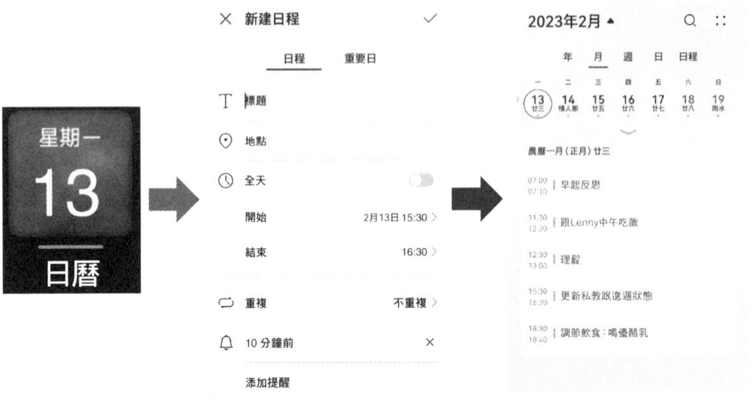

圖 5-32 更新日曆的步驟

步驟四：更新待辦

最後一個步驟是將C類事項（計畫內的其他事項）中執行時間不固定或尚未確定的事項，更新到待辦清單中，如圖5-33所示。

為什麼既不將待辦清單中的事項放在週要事計畫中，也不放在日曆中呢？

這是由這類事項的特點決定的：第一，這類事項的執行時間不固定，因此不需要透過日曆進行提醒；第二，有些事項甚至尚未確定是否要做，因此更沒必要放在日曆中。

將這類事項放入待辦清單的做法，不僅貫徹了「333時間管理法」中要事第一的規劃原則，也充分體現了足夠彈性的規劃原則。

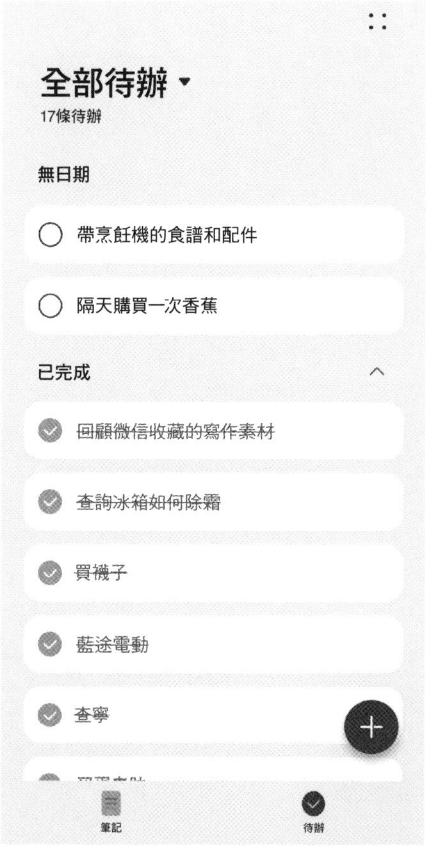

圖 5-33　更新待辦清單後的輸出

因為待辦清單中的事項可以在閒置時間完成，除了能幫助你清空大腦，還能充分利用碎片化的時間。

例如，我在中午吃飯時或者晚上通勤回家的路上，可以用手機訂購香蕉。

如何將這類事項記錄到待辦清單中呢？

你可以用手機自帶的備忘錄App（或其他帶類似功能的App），選擇新建待辦事項，填上事項名稱即可。假如有些事項有地點和截止時間要求，還可以加上地點和時間。

逐一填寫好後，待辦清單就完成了，圖5-34是更新待辦清單步驟的示意圖。

透過以上四個步驟，你完成了一個可執行性的週計畫，包括週要事計畫、日曆和待辦清單。

這三個計畫的輸出，應用了「333時間管理法」中要事第一、足夠彈性和以終為始的三大規劃原則，超專注、習慣化的兩大執行方法，以及體力、腦力和情緒的三大長期保障。

制訂週計畫既幫你做到了聚焦要事，又幫你實現了一事不落，還充分利用了碎片化時間，你要不要制訂一個週計畫試試呢？

圖 5-34　更新待辦清單的步驟

第三節

執行：更高效地執行週計畫

週計畫制訂好之後，就需要按計畫執行了。

在執行週計畫的過程中，可能會面臨各種不同的情況。最理想的情況是諸事順利，一切按計畫進行；然而，在執行計畫時也有可能會遇到各種內外干擾，無法按計畫進行；或者可能因為前一晚沒有睡好，第二天沒有足夠的精力來執行計畫。

不過，只要掌握好「333時間管理法」的精髓，無論遇到什麼情況，都可以高效地執行週計畫。

接下來，我們將分別看看如何使用「333時間管理法」應對不同場景。

場景一：按計畫執行的場景

計畫如果是正常執行的，我們只需要按順序完成以下三個步驟即可：執行前的預先瞭解；執行時的按部就班；執行後的及時記錄。

步驟一：執行前的預先瞭解

每天早起反思時，可以打開週要事計畫，查看當天安排的要事是哪些，以及分別要在哪些時段裡完成，如圖5-35所示。

查看完要事安排後，再瀏覽當天的日曆，看看當天有哪些要做的其他事項，如圖5-36所示。

待辦清單則可看可不看。一方面，因為這些事項並非當天必須完成；另一方面，當你有閒置時間時，一天中有很多機會可以查看和處理它們。

時間＼週幾		週一	週二	週三	週四
①黑色：當天原定的工作計畫（計畫內）；②藍色：當天突然增加的任務（計畫外）；③紅色：需重點關注的工作（當天未完成）；④灰色：已完成的工作					
7:00—9:00	計畫	彈性時段：洗漱、早餐 & 通勤時間			
	實際執行				
9:00—10:00	計畫	週四推文提綱梳理（黑色）		週四推文終稿（黑色）	
	實際執行				
10:00—11:00	計畫	週四推文初稿撰寫（黑色）			
	實際執行				
11:00—11:30	計畫	留白時段（灰色）		留白時段（灰色）	
	實際執行				
11:30—13:30	計畫	彈性時段：午餐 & 午休時間			
	實際執行				
13:30—14:00	計畫	留白時段（灰色）		留白時段（灰色）	
	實際執行				

圖 5-35　當天的要事安排

圖 5-36　當天的其他事項

為什麼要在開始執行當天計畫前，對當天的要事安排和日曆進行總覽呢？想像一下這個場景：如果你在一個陌生的地方行走，每走完一段才知道下一段怎麼走，你是不是在很難受的同時還很忐忑？

這是因為人類的大腦對不確定的未知，有一種本能的排斥和厭惡。但如果你有一張清晰準確的路線圖，是不是立刻就感到放心、有底氣了？這是因為你給大腦做了一個預告，讓它知道接下來會發生什麼，降低了它的不確定感。同時，你也在心中形成了對當天所有安排的整體印象。

步驟二：執行時的按部就班

執行計畫時，針對三類不同的事項，在對應時段按部就班地執行即可。

（1）要事時段：只做要事，抵制一切干擾；

（2）日曆時段：當提醒出現時，處理當天計畫內的其他事項；

（3）彈性時段或留白時段：如果有閒置時間，可以查看待辦清單並完成可做的事項；如果沒有要處理的事項，可以自由安排其他事項，甚至是娛樂或放空。

步驟三：執行後的及時記錄

每個時段的事項完成後，要及時記錄計畫執行情況，如圖5-37所示。

在記錄計畫執行情況時，需要特別注意以下三點：

第一點，用不同的字體顏色，標識不同的完成情況，如圖5-38所示。

11:00—11:30	計畫	留白時段（灰色）
	實際執行	用於彌補初稿撰寫時間，完成了1/3（灰色）
11:30—13:30	計畫	彈性時段：午餐 & 午休時間
	實際執行	跟 Lenny 吃完了飯；飯後理髮；13：00 開始午休（灰色）
13:30—14:00	計畫	留白時段（灰色）
	實際執行	回覆微信消息；列印一頁資料（灰色）

圖 5-37　記錄的計畫執行情況

時間＼週幾		週一	週二
①黑色：當天原定的工作計畫（計畫內）；②藍色：當天突然增加的任務（計畫外）；③紅色：需重點關注的工作（當天未完成）；④灰色：已完成的工作			
7:00—9:00	計畫		
	實際執行	孩子出門忘帶水杯，給他送過去（藍色）	
9:00—10:00	計畫	週四推文提綱梳理（紅色）	
	實際執行	9：15-9：30 處理一個緊急諮詢；9:30 開始，提綱梳理了1/3（灰色）	
10:00—11:00	計畫	週四推文初稿撰寫（黑色）	
	實際執行	用於完成推文提綱的梳理（灰色）	

圖 5-38　不同完成情況的標識

（1）黑色：代表當天原定的工作計畫（計畫內）。

（2）藍色：代表當天突然增加的任務（計畫外）。在更新週要事計畫時，不會改變計畫行中的內容，而是將這些計畫外任務記錄在相應時段的實際執行行中，例如圖5-38中七點至九點時段的「孩子出門忘帶水杯，給他送過去」。

（3）紅色：代表需重點關注的工作（當天未完成）。如果需要繼續完成，就要調整後幾天的計畫，重新安排執行時段。例如圖5-38中九點至十點時段的要事沒完成，顏色填寫時使用紅色字體。

（4）灰色：代表已完成的工作。除了當天突然增加的任務的執行情況說明，其他實際執行內容的填寫，字體顏色都用灰色。

第二點，不僅是要事的執行情況，所有在本時段處理的事項，包括日曆中的事項、待辦清單中的事項以及計畫外的事項，都應記錄在實際執行中，如圖5-39所示。

為什麼除了要事，還要記錄其他事項的執行情況呢？

原因有如下兩個：

第一，要事被延遲，除了因為計畫時的盲目樂觀導致預估的時間不足，最主要的

11:00—11:30	計畫	留白時段（灰色）
	實際執行	用於彌補初稿撰寫時間，完成了 1/3（灰色）
11:30—13:30	計畫	彈性時段：午餐 & 午休時間
	實際執行	跟 Lenny 吃完了飯；飯後理髮；13：00 開始午休（灰色）
13:30—14:00	計畫	留白時段（灰色）
	實際執行	回覆微信消息；列印一頁資料（灰色）

圖 5-39　記錄的實際執行情況

原因就是被其他事項干擾。透過記錄所有事項的執行情況，可以清楚地看出哪些事項干擾了要事的執行，從而更有效地調整今後的週要事計畫。

第二，很多時間管理方法，會建議你花一週時間記錄自己每天的時間使用情況，但這很難達到預期效果，因為這是需要額外完成的任務，既增加了負擔，又不會立即產生效果，很難堅持下去。然而，如果在更新各個時段的實際執行情況時順便進行記錄，則既簡單又能為你優化時間管理提供更準確的參考。

因此，在計畫時只記錄要事，執行後卻記錄所有事項的執行情況，可以幫你既做到計畫和執行時的聚焦，又做到回顧時的資訊聚集。

第三點，一定要及時記錄。

最好是在下個時段開始之前，花費三十秒到一分鐘的時間，記錄上個時段的執行情況。如果實在做不到，那至少每半天更新一次，而不是等到晚上再一起更新。

為什麼要特別強調一定要及時記錄呢？有三個原因：

（1）避免事後回憶的失真。許多當時的情況和體驗在事後回憶時會逐漸模糊。如果不及時記錄，可能會忘記很多重要細節和體會。

（2）降低回顧的難度。待更新和總結的內容越多，大腦感知到的壓力就越大，越不願意去做。這就是許多人無法堅持每日回顧或每週回顧的原因。

你可以自己體會一下：花費三十秒到一分鐘的時間更新一點內容，和花費至少十分鐘回憶一整天的經歷並更新很多事項，你更願意選擇哪個？

（3）可即時改正。當某個時段的執行情況出現偏差時，通常需要及時調整後面時段的安排。如果不及時更新該時段的實際執行情況，而是等到晚上一起更新，後面的事項很可能就無法按計畫執行。

因此，一定要做到執行後的及時記錄。

場景二：遇到內外干擾的場景

剛開始執行計畫，就想起來今天需要買香蕉，於是先去訂購了香蕉。下單後，沒寫幾個字，又想起來耳機可能落在家裡了，於是又去檢查耳機在不在包裡。好不容易重新集中注意力，剛寫了一行字，又有同事過來找你分享今天上班路上遇到的趣事。

這麼左一件事右一件事地打斷你原本的計畫，正經事沒做多少，一個小時過去了。

執行計畫時，如何處理這種內外干擾多的情況呢？

推薦一個應對這種情況的好工具，即前文提到的番茄鐘。

番茄鐘的基本用法很簡單，就是每工作二十五分鐘，休息五分鐘，如圖5-40所示。在工作的二十五分鐘裡，要全神貫注，不被任何事情打斷，所有事情都等待工作的二十五分鐘結束後再處理。

二十五分鐘的時間一到，即使手頭的事情沒有完成，也要停下來休息。如果條件允許，最好的休息方式是躺下閉目休息；如果不行，可以站起來喝口水、去洗手間，

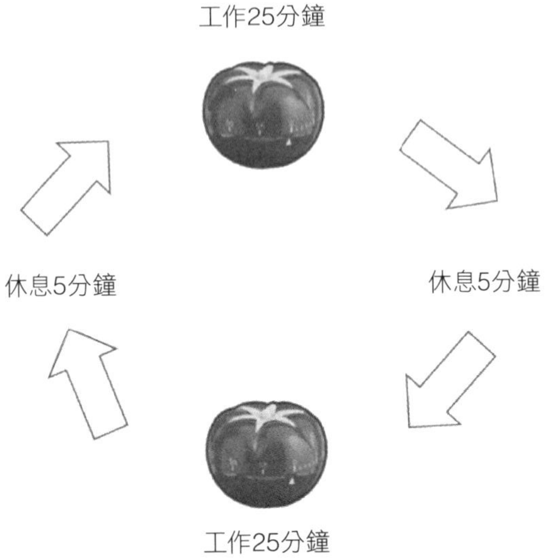

圖 5-40　番茄鐘的基本用法

或者站在窗邊遠眺。無論採用哪種休息方式，最重要的是：**讓大腦放鬆，不要想著剛剛做的工作**。因為將大腦從專注工作的聚焦模式切換到休息時的發散模式，有助於提高用腦效率。

五分鐘休息結束後，再繼續回來專注工作二十五分鐘，之後再休息五分鐘。

番茄鐘這種短期頻繁率工作和休息交替的模式，除了能有效減少各種內外干擾，還有其他三個好處：

好處一：有效緩解拖延問題

拖延往往是因為畏難不敢開始，但如果將番茄鐘與「爛開始」相結合，你將很難有害怕開始的念頭。

因為在使用番茄鐘時，只需要關注是否能夠連續二十五分鐘不分心地工作，而不用關心這二十五分鐘做了什麼。這樣一來，阻礙你開始行動的心理障礙幾乎降至零。

好處二：長期保持精力旺盛

一個成年人的注意力最集中的時間大約為二十五分鐘，因此利用這段時間專注使用一個番茄鐘，既能最大限度地保持專注，又不會感到疲勞。同時，五～十分鐘的間歇休息，又能幫助身體和大腦在生理層面上不斷恢復。

按照這種節奏，一天使用八～十二個番茄鐘，精力會一直保持在旺盛的狀態，而且可以長年累月地持續這種狀態。

好處三：提高思考效率，激發創意

前文提到大腦有兩種重要的思維模式：聚焦模式和發散模式。然而，發散模式必須建立在聚焦模式的基礎上，因為創意不是憑空產生的，只有在潛意識中有可挖掘的內容時才會發揮作用。

番茄鐘能夠順暢地在聚焦模式（二十五分鐘專注工作時間）和發散模式（五分鐘休息時間）之間切換，幫助大腦保持最佳狀態，既能提高思考效率，又能激發創意。

雖然番茄鐘有很多優點，但在使用時也有一些注意事項。以下總結其中最關鍵的三個。

注意事項一：儘量手動設置番茄鐘的時間並使用背景音樂

不建議用一些番茄鐘App來自動設置番茄鐘和統計番茄鐘的數量。

一個原因是，你不應該事後才知道用了多少個番茄鐘，而應該事先主動規劃和在執行過程中主動控制你的番茄鐘數量。

另一個原因是，手動設置鬧鐘和啟動背景音樂，可以說明你建立一種儀式感。以後，你一這麼做，大腦就會自然進入番茄鐘的專注狀態。

注意事項二：逐步增加連續使用的番茄鐘數量

剛使用番茄鐘時，可以只連續工作二個番茄鐘，即一小時。待更適應後，再逐步增加到連續工作三個、四個番茄鐘。

注意事項三：控制使用番茄鐘的上限

連續工作的番茄鐘使用上限為五個，當連續工作五個番茄鐘後，應該多休息一會兒，至少休息二十五分鐘。

強烈推薦一天使用八個番茄鐘，這樣做既可以完成不少任務，同時又不會感到疲勞，具有很強的可持續性。

如果某天任務確實很緊急，不得不專注工作更長時間，一天的番茄鐘使用上限也不應超過十二個。

超過十二個番茄鐘後，雖然當天你會感到很有成就感，但會非常疲憊，很可能導致報復性休息（比如熬夜或第二天變得懶散），甚至可能對番茄鐘產生畏難和厭惡情緒。綜合評估下來，得不償失，「一日曝十日寒」遠遠不如「水滴石穿、細水長流」。

現在瞭解了番茄鐘的使用方法和好處，也知道了使用時的注意事項，期待你能開始使用番茄鐘提高工作效率。

場景三：精力不足的場景

假設前一天晚上沒睡好，早上起床後昏昏沉沉，但是今天又必須完成一項需要深度動腦的任務：撰寫一份業務方案。

你會如何處理這種精力不足卻必須完成任務的情況呢？

這時候，番茄鐘又可以大顯身手了。

你可以先打個盹兒，然後啟動一個番茄鐘，趁著大腦剛清醒的這段時間，專注工作二十五分鐘。

二十五分鐘到了後，再選擇打盹休息，這個休息時長可以從標準的五分鐘，延長到十分鐘甚至十五分鐘。

當休息結束的鬧鐘響起時，繼續專注工作又一個二十五分鐘，之後再打盹十～十五分鐘。

透過這種打盹和專注工作交替的方式，哪怕在精力不足的一天裡，也能擠出六～八個大腦清醒的番茄鐘。

儘管與精力充沛的日子裡可以一天使用十二個番茄鐘相比，專注工作的時間少了一半，但與昏昏沉沉地度過一天相比，效率要高出很多。

當然，使用番茄鐘來應對精力不足的一天只能作為短期的應急措施，不能成為常態化的長期策略。解決精力不足更治本的手段，是做好「333時間管理法」中的三大長期保障：體力保障、腦力保障和情緒保障。

● 體力保障

體力保障的核心在於讓身體長期處於精力充沛的狀態。

根據第三章「減少過度消耗」中建議的減少體力消耗的方法，在遵循生理時鐘的基礎上，按照重要性從高到低的順序，你需要關注以下三個方面：睡眠、飲食、鍛煉。

（1）睡眠是第一要保障的

我個人的最大經驗就是：睡眠非常重要。

它的優先順序高於運動、高於工作、高於學習，也高於休閒。因為只有睡好了，後面這些事才能做得更好。

可以根據自身的生理和活動特點選擇早睡早起或晚睡晚起，但一定要保證睡眠充足。至於睡眠時長的標準，以起床時不覺得睏當作判斷標準。

（2）飲食是第二要保障的

關於健身有個說法：七分靠飲食，三分靠運動。可見飲食對身體的影響比運動更大。

從精力管理的角度來看，重點是少食多餐，並選擇升糖指數低的食物。

（3）鍛煉是第三要保障的

每週進行三～四次、每次持續三十分鐘以上的運動，對於身體長期保持精力充沛非常有幫助。

假如你對運動有所畏懼，分享你一個叫動態沉浸的方法，即邊運動邊做你喜歡的事。

像我就是在跑步機前面放了一個大螢幕，在跑步的同時透過手機投屏看電影，不知不覺就能跑一小時。而且，正是看一部電影的誘惑，在我偷懶不想運動時，將我拉回到了跑步機上。

●腦力保障

一旦過度消耗腦力，就會出現心理學上的自我損耗現象，導致人們進行意志活動的意願或能力下降。

根據第三章「減少過度消耗」中建議的減少腦力消耗的方法，想在生理上保持大腦的敏銳狀態，做到前文提到的睡好、吃好、鍛煉好，再配合生理時鐘就可以了。但除此之外，在腦力運用上，還需要掌握一些有效的大腦使用方法。

特別是要儘量遵循大腦的最省力原則，在做大部分事情時，使用成熟的框架和慣性思維即可（具體做法參考第三章第二節「減少腦力消耗，讓大腦更敏銳」）。

例如，在制訂計畫時，將時段規律化，將非要事記錄到日曆和待辦清單上，就是為了最大程度減少不必要的腦力消耗。

將寶貴的腦力節省下來，用於處理那些需要創新思考、沒有經驗可依賴的任務。

情緒保障

「人逢喜事精神爽，悶上心來瞌睡多。」

當心情愉快時，你有動力去完成任務，敢於挑戰任何困難；當心情低落時，你可能心灰意冷，思緒混亂，甚至連基本的專注都做不到。因此，要做好時間管理的長期保障，還必須調節好情緒。

在第三章第三節「減少情緒消耗，不被情緒左右」中，針對情緒發生前、情緒發生時、情緒發生後，分享了生理優化、環境選擇、認知轉換、避免損失、行動轉化這五個技巧。

在這裡，從情緒保障的角度，我再強調一下心理和生理上的五個做法。

（1）樹立價值觀

給你做的事賦予意義，將其由必須做變為自願做，這是保持長期積極情緒的最好方法。

（2）提高催產素的水準

例如，和寵物玩耍可以刺激催產素分泌，讓人感到放鬆愉快。

（3）提高血清素的水準

透過各種有氧運動，促進血清素分泌，讓人感到更加積極。

（4）增加多巴胺的分泌

透過享受美食、盡情玩耍等，增加多巴胺的分泌，使人更加快樂。

（5）減少皮質醇的釋放

透過放空、工作時適當休息和嚼口香糖的方式，減少皮質醇的釋放，減輕壓力。

我相信，做好了上述的體力、腦力和情緒保障，你一定會長期精力滿滿。

在本節中討論了在三種不同場景（正常按計畫執行、遇到內外干擾、精力不足）下，如何高效地執行週計畫的做法；分享了番茄鐘這一工具，以及做好三大長期保障的方法。在執行週計畫的時候，期待你能嘗試用這些方法，也許你將取得意想不到的好成果。

第四節

應變：靈活應對各種意外情況

在計畫執行中肯定會遇到種種計畫外的意外情況，這一節就來看看，遇到下面這四種意外情況時，如何隨機應變，繼續保持計畫的高效執行。

意外情況一：拖延著不開始

在執行計畫時，遇到的第一種意外情況是，到了該執行某件要事的時候，卻拖延著遲遲不開始。

例如，你被主管要求後天交一篇去年工作成就的分享文章，還說這篇文章會發給總經理看。

雖然時間很緊迫，你也安排了寫作計畫，但到了該寫文章的時候，就是拖著不動手，一邊焦慮，一邊繼續刷著手機磨蹭。

這種拖延的產生往往是因為畏難心理。你很怕寫得不好，擔心寫出來不被總經理認可怎麼辦，因此遲遲不敢動手。

要避免這種拖延，可以採用第四章第二節中提到的「爛開始、短平快」的方法。

1. 爛開始

對於因畏難而不敢開始的任務，你可以告訴自己：「不要管開始時的品質，先動手做了再說，哪怕做得再爛都行，反正後面還會再改。」

有了這種「爛開始」的想法，就能夠克服畏難心理，不再拖延。

以不敢寫的這篇分享文章為例。你可以告訴自己：「我今天上午先寫一個超爛的初稿出來，再爛都可以，這個超爛的初稿出來後，我晚上再改。」

抱著先寫一篇爛文章的想法，就能立即動手了。

畏難主要是因為你認為自己的能力不足以完成任務，因此透過使用「爛開始」的策略降低開始時的難度，就更容易採取行動了。

2. 短平快

「短平快」是將大任務拆分為更短、更易啟動的小任務。

例如，可以將寫分享文章的過程分解為五個步驟，其中第一步是花三十分鐘梳理分享文章的基本框架。

這個方法與「爛開始」是絕配。透過任務拆解，每個小任務相對於整個大任務的難度更小，這使得你更容易進行初步動作。

以花三十分鐘梳理分享文章的基本框架為例，這個小任務的難度遠遠低於寫一篇高品質、能打動總經理的文章。

此外，這個方法還能夠帶來緊迫感並快速見效，從而增加持續行動的動力。

後天交一篇高品質的分享文章，會讓你覺得時間還多，可以明天甚至後天再發力開始寫，加上畏難心理，更容易陷入拖延中。

然而，當你知道自己必須在三十分鐘內完成基本框架的輸出時，就不會再拖延，因為沒有什麼可以拖延的時間，而且任務也不難。

透過採用「爛開始、短平快」的方法，一旦開始動手寫，神奇的事情就發生了：你會很快進入狀態，而且越寫越多，甚至能寫出之前完全沒有想到的內容。

因此，記住這個好方法：進入工作狀態最好的方法就是開始工作。

意外情況二：計畫剛開始就未能如期執行

假如你本來的計畫是在九點到公司開始做第一件要事，但不巧的是，路上堵車，導致在九點十五分才到達公司，如圖5-41所示。

在這種計畫剛開始執行就遇到了意外的情況下，你會怎麼辦呢？

大部分人可能會選擇放棄當天的整個計畫，但其實大可不必。

只要做好兩個調整，計畫依然能發揮作用，讓你的一天保持高效率。

時間 ＼ 週幾		週一
①黑色：當天原定的工作計畫（計畫內）；②藍色：當天突然增加的任務（計畫外）；③紅色：需重點關注的工作（當天未完成）；④灰色：已完成的工作		
7:00—9:00	計畫	
	實際執行	週一堵車，通勤多了 15 分鐘（灰色）
9:00—10:00	計畫	週四推文提綱梳理（黑色）
	實際執行	

圖 5-41　計畫剛開始就未如期執行

1. 心態上的調整：破除完美主義，接受不完美

在一天的執行過程中，完全按照計畫執行的情況非常罕見。更常見的情況是計畫無法如預期般執行。

制訂計畫的本質，並不是要求執行情況必須與計畫完全一致，計畫的作用是提前做了一次預演，讓你在執行時心裡更有底，遇到問題後能快速調整。

既然這樣，為何大多數人在計畫未如期執行後，就會選擇放棄呢？

這就是完美主義在作祟：要嘛做到完美，要嘛就不做。

所以，只要心態上接受不完美，就不會輕易放棄一天的計畫了。

2. 行動上的調整：及時調整當天的計畫

當計畫執行情況出現偏差後，需要考慮哪些任務或時段可以進行調整，以適應變化後的情況。

以早上因為堵車而晚到公司十五分鐘為例。

在這種情況下，可以接受稍晚開始做第一件要事，並利用上午預留的十一點至十一點半這個留白時段來做彌補，如圖 5-42 所示。

需要注意的是，調整當天計畫時，不要修改原計畫時段的內容，而是使用藍色字體在實際執行中填寫新

時間＼週幾		週一
①黑色：當天原定的工作計畫（計畫內）；②藍色：當天突然增加的任務（計畫外）；③紅色：需重點關注的工作（當天未完成）；④灰色：已完成的工作		
7:00—9:00	計畫	
	實際執行	週一堵車，通勤多了 15 分鐘（灰色）
9:00—10:00	計畫	週四推文提綱梳理（黑色）
	實際執行	延遲了 15 分鐘，9：15 開始，提綱梳理了 1/3（灰色）
10:00—11:00	計畫	週四推文初稿撰寫（黑色）
	實際執行	
11:00—11:30	計畫	留白時段（灰色）
	實際執行	用於推文提綱梳理，彌補堵車的 15 分鐘延遲（藍色）

圖 5-42　當天計畫調整

時間＼週幾		週一
①黑色：當天原定的工作計畫（計畫內）；②藍色：當天突然增加的任務（計畫外）；③紅色：需重點關注的工作（當天未完成）；④灰色：已完成的工作		
7:00—9:00	計畫	
	實際執行	週一堵車，通勤多了 15 分鐘（灰色）
9:00—10:00	計畫	週四推文提綱梳理（黑色）
	實際執行	延遲了 15 分鐘，9：15 開始，提綱梳理了 1/3（灰色）
10:00—11:00	計畫	週四推文初稿撰寫（黑色）
	實際執行	提綱梳理累計用了 1.5 小時，初稿撰寫尚未開始（灰色）

圖 5-43　要事執行超時

的計畫安排。

意外情況三：要事執行超時

我們討論了計畫剛開始就未能如期執行該怎麼辦，假如現在出現了一個新的意外情況「某個時段的要事執行超時了」，又該怎麼辦呢？

比如，原計畫是在十點之前完成週四推文的提綱梳理，但實際上花費的時間遠遠超過預期，延遲了一小時，直到十一點才完成，如圖5-43所示。

對於這種情況，可以採取短期應對和長期應對兩種方式加以處理。

1. 短期應對：調整計畫

調整計畫有以下三種方法：

（1）挪用下一個要事時段，將下一個要事挪到留白時段完成。

（2）放下這個要事，先完成下一個要事時段應該做的要事，然後利用留白時段，甚至擠佔部分彈性時段來完成這個超時的要事。

（3）如果時間實在挪不開，可以取消優先順序較低的要事，並將其推遲到以後完成。

這也是我們反覆強調每天最多安排三項要事的原因，這樣就可以有更多的騰挪空間，同時也可以更聚焦、更專注。

2. 長期應對：優化要事用時的預估

要事的用時之所以超出預估時間，除了被干擾的原因，最大的可能就是制訂計畫時過於樂觀，預估的用時不足。因此，長期應對的方法是掌握更好的要事估時方法。

簡單的做法是，多做悲觀預估，為要事預留更多時間。比如，你預估出一個要事的用時後，給這個用時乘1.5，甚至乘2，作為要事的預估時間。

更好的要事估時方法是運用三點估算法，即將最樂觀的時間、四倍最可能的時間和最悲觀的時間相加，然後除以六（公式為（最樂觀的時間＋最可能的時間×4＋最悲觀的時間）／6），得出制訂計畫時要事的預估時間。

不要怕給要事預留的時間太多，即使預估時間比實際所需時間多，也會帶來很多好處。

因為如果預留了較多的時間，在執行時會更加放鬆，提前完成要事後還會產生自我效能感，從而具備更大動力去完成其他要事，效率反而更高。

相反，如果預留的時間過少，那計畫就會持續無法完成，看著未完成的要事越來越多，就會越來越著急、沮喪，最終一件要事都無法完成。

但只要每天安排的要事不超過三項，相信你給要事預留的時間一定不會少，即使有所不足，也可以輕鬆地利用各種留白時段和彈性時段來補充完成。

意外情況四：有緊急事項插入

假如正在專心致志地寫分享文章，這時一個同事要你陪她一起去跟某客戶開會，你該怎麼辦呢？

在執行要事的時候，不可避免地會遇到他人找你做其他事情的情況，這時便可以運用4D任務管理法則來處理，如圖5-44所示。

按照4D任務管理法則的順序，可以對插入的事項採取以下處理方式：刪除（Delete）、委託（Delegate）、推遲（Delay）和做（Do）。

（1）首先是刪除，即優先拒絕。

例如，你可以回應同事：「我正在趕一項緊急工作，很抱歉不能參加會議。」

（2）如果無法拒絕，你可以選擇委託，將任務委

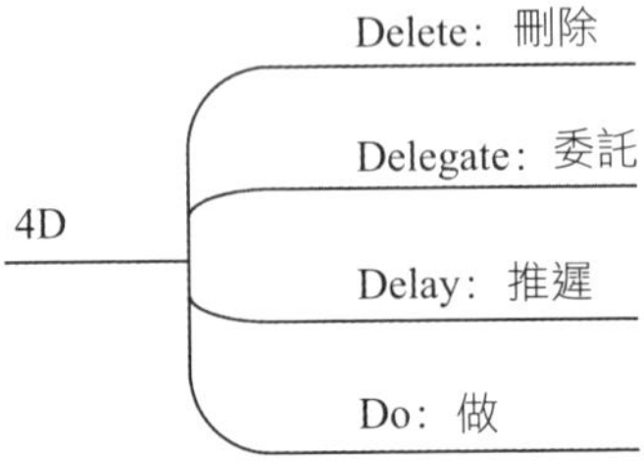

圖 5-44　4D 任務管理法則

託給別人。

假如同事堅持讓你參加並表示：「不行，我一個人見這個客戶太心慌了，也顯得對客戶不尊重。」

你可以回答：「你可以找張三，他現在應該能抽出時間，讓他陪你去見客戶。」

（3）如果同事堅持要求你陪她參加，而且這件事無法委託給他人，你可以採用推遲的法則。

你可以告訴同事：「如果只有我能陪你的話，你先與客戶聊二十五分鐘，我會儘快處理完手頭的事情然後立即趕過去。」

（4）只有在無法推遲的情況下，你才接受立即做。

在這種情況下，你需要放下手頭的要事，並盡可能地將這件要事推遲到留白時段或彈性時段完成。

運用這個4D任務管理法則，雖然不能保證你能拒絕、委託或推遲所有插入的緊急事項，但至少能夠減少百分之八十插入的緊急事項。

在本節中，我們討論了四種不同的意外情況，以及如何隨機應變並繼續高效執行計畫。

針對「畏難遲遲不敢動手」的意外情況，應用好「爛開始」和「短平快」的方法。

針對「計畫剛開始就未如期執行」的意外情況，做好兩個調整——心態上的調整：破除完美主義，接受不完美；行動上的調整：及時調整當天的計畫。

針對「要事執行超時」的意外情況，做好長短兩個週期的應對——短期應對：調整計畫；長期應對：優化要事用時的預估，用好三點估算法。

針對「有緊急事項插入」的意外情況，用好4D任務管理法則，按照刪除、委託、推遲和做的順序處理。

用對了方法，執行就會事半功倍。不妨從今天開始嘗試。

本章小結與討論

「333時間管理法」的本質就是做減法。

其展示的三大規劃原則、三大執行方法以及三大長期保障，就是做減法的四大策略在時間管理、精力管理、自我管理上的綜合應用。

1. 要事第一、足夠彈性和以終為始這三大規劃原則，很好地應用了減少貪多求快和減少過高期待的策略，不好高騖遠，而是聚焦當下、專注要事，並捨得留白和敢於放慢。

2. 爛開始、超專注和習慣化這三大執行方法，結合減少完美主義策略和減少過度消耗策略中的不過度消耗意志力方法，透過緩解開始的畏難心理，減少意志力消耗，從而更容易開始並長期堅持下去。

3. 體力保障、腦力保障和情緒保障這三大長期保障，更是全面充分地應用了減少過度消耗策略。

「333時間管理方法」既符合新競爭趨勢，又簡單易行，幾乎所有用過的人都回饋説很有幫助。這麼好的方法，期待你也能用起來。

後記

做減法的力量，可能超乎你的想像

工作近二十年後，我觀察到一個出人意料的現象。

很多年輕時頭腦靈活、不甘屈居下游的人，到了四十歲似乎並沒有比別人領先多少，有些人甚至落後了；而那些年輕時看似能力平平、安於現狀的人，到了四十歲似乎也能成為經理、總監，甚至還有人擔任總經理。

那麼，是什麼原因導致了這個出人意料的現象呢？

我將近二十年接觸過的上千人經歷梳理了一下，發現了一個規律：從出類拔萃做到萬裡挑一很難，但成為前百分之五卻沒那麼難。

在本書中，我介紹了很多工作和學習的方法，比如為用而學、爛開始、短平快、

333時間管理法等。這些工作和學習的方法都很實用，一定會對你很有幫助。但即使這些方法你都沒掌握，只要做到以下四項減法裡的任何一項，同樣能成為前百分之五精英中的一員。

一、少點貪多（要事第一）

有位讀者曾在YouCore官網寫信給我：「老師，我最近很焦慮，感覺前面有很多問題要解決，有很多東西要學，但焦慮反而讓我拖延，感覺成長很慢。我應該怎麼制訂適合我的目標和成長計畫？」

這個問題很普遍，大概有百分之九十五的人都遇到過。問題產生的根本原因是貪多，也就是貪心。

得到的太少，往往是因為我們想要的太多。

管理學大師彼得．杜拉克在《杜拉克談高效能的5個習慣》（*The effective executive*）中有一段內容寫得特別好。

有些人一事無成，實際上他們卻做得很吃力。第一，他們低估了完成一項任務所需的時間。他們總以為萬事順利，卻總不免有出乎意料的情況發生。

第二，一般的管理者（往往也是不大有效的管理者）總喜歡趕工——而趕工的結果，總不免使進度更加落後。

第三，一般的管理者喜歡同時著手幾件要事，結果對每一件事，他們都無法獲得足夠的最少整段時間。只要任何一件事情受阻，全部事情也都會跟著受阻。

如果我們能克制自己的貪心，像杜拉克建議的那樣，做到要事第一，一段時間內只聚焦於一個目標、一項關鍵任務，那麼達成這個目標或完成這項關鍵任務的機率將大大提高。

你可能會擔心：計畫安排得太少，是不是會導致完成的任務總量減少？

但如果增加了計畫中的任務量，卻未能按時完成計畫，那麼你在計畫裡加再多項任務也沒意義。而且，你排上更多的事項，只會導致原本能做完的要事因為受到干擾做不完，結果就是你更焦慮，什麼都不願做了，因為反正也做不完，索性「得過且過」。

實際上，即使將任務量減少了，你最終完成的任務總量也不會變少，因為肯定有多餘的時間空出來，那時再用空出來的時間做更多的事就可以了。

這種克制貪心的做法，就是YouCore提倡的週計畫做法。

只要肯克制自己的貪心，就會與下面這位學員一樣得到讓人欣喜的結果（見圖C-1）。

二、少點求快（多點耐心）

在這個高速運轉的環境裡，人們的耐心變得越來越少（很可能少於百分之五）：對某項技能的學習僅僅堅持了三天，覺得學習效果不夠好，就選擇放棄；

工作半年沒加薪，就覺得委屈要離職；創業時沒耐心打磨產品，整天想著怎麼完成用戶成長，期待一夜暴富。

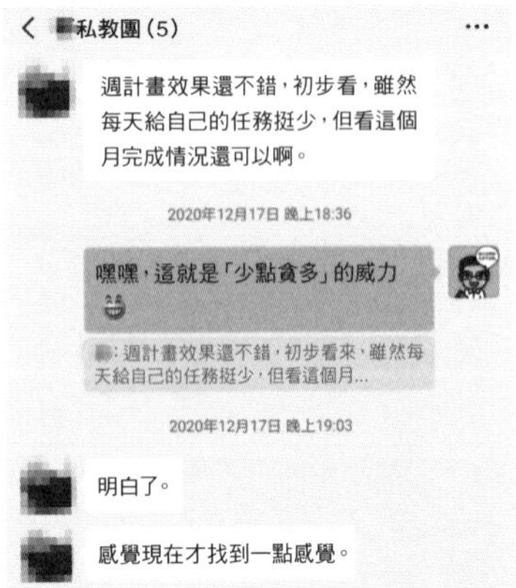

圖 C-1　關於「少點貪多」的對話

所以，如果能少一點急於求成，多一點耐心，多一點堅持，就有很大可能領先於那些缺少耐心的人。

我剛畢業的那段時間，也是一個缺少耐心的人。

在畢業後的第一份工作中，嘗過了缺少耐心導致的苦果後，我就告訴自己一定要有耐心，堅持長期主義，在任何一家公司都至少要待滿三年。

有了這個轉變，我在之後的職業生涯中，收穫了越來越多的堅持長期主義帶來的回報。

比如，我在某個公司工作期間，雖然經歷了多次團隊動盪，直屬主管就換了四任，百分之九十五的同事都選擇離開我所在的團隊甚至公司。

但我當時在該公司工作還未滿三年，因此我咬牙堅持了下來，並獲得了團隊重建後的一個大機會，即擔任事業線管理諮詢團隊的負責人。

如果團隊沒有重建，這種機會根本不可能落到當時不到三十歲的我身上（前幾任負責人都是四十多歲）。正是因為獲得了這個機會，我才有了更多的諮詢和管理經驗，以及往更高職位攀登的資本。

我也將同樣的耐心，帶到了YouCore的創業中。

在二〇一五至二〇一七年，知識付費鋒頭正健，願意沉下心來做產品的人實在不多了，因為賺錢太容易。隨便製造一個產品，只要推廣做得好，就能賣幾萬、十幾萬份，一下子就有幾百萬、上千萬的收入，誰還願意「浪費」時間在產品打磨上？

但我們抗拒了這個誘惑，認真打磨產品，在二〇一八年知識付費的浪潮退去時，YouCore反而逆勢增長，學員規模、業務收入和口碑都越來越好。

因此，讓自己多一點耐心，你會發現自己在不經意間就領先了百分之九十五的人，成了前百分之五精英中的一員。

三、少點空想（多點行動）

如果你稍微用心觀察身邊的同事和朋友，會發現空談理想的人很多，而願意踏踏實實、動手去做的人則非常少。

例如，我在教邏輯順序練習時，有些學員喜歡和我討論邏輯順序的本質是什麼，是不是所有事情都一定能按邏輯順序組織，太關注邏輯順序是否會影響創新探索等。

他們將這種探究稱為探究概念的本質，是更高級的思考和學習活動。探究概念的本質確實是一種高級的後設認知活動，但問題在於他們只探究而不動手。結果就是他們高談闊論了許多的本質和原理，卻連一個最基本的「如何做好自我介紹」的邏輯順序都組織不好。

我並不反對探究概念的本質，在我自己寫的《學習力：顛覆職場學習的高效方法》一書中，我用一整章講述了探究概念本質的方法。但是，探究應該建立在實踐的基礎上，而不是不動手光高談闊論。在帶很多學員做邏輯順序練習後，我發現了一個殘酷的事實：

腦子靈活的學員對邏輯順序的理解通常一開始就有七十分左右，但如果只空談而不充分練習，一個月後他們對邏輯順序的理解和運用水準通常還是七十分左右；腦子沒那麼靈活，一開始對邏輯順序的理解可能只有三十分的學員，如果認認真真地完成了十～二十個練習，對邏輯順序的理解和運用水準，卻沒一個是低於八十分的。

為什麼只要充分練習了，理解水準就能從三十分躍升到八十分以上呢？因為只要動手做了，就會產生疑惑，有了疑惑，你就會找老師解答，再經過練習驗證，自然理解得越來越深。這就是「紙上得來終覺淺，絕知此事要躬行」的最佳事例之一。

邏輯順序練習如此，寫文章也是如此。

總有學員問我如何寫好文章，有沒有什麼寫作方法論，我最大的建議就是：先不用過於關注方法論，去寫，寫得多了寫作水準就提升了。

因為寫得多了，你就不得不去琢磨新的寫作素材從哪裡來，怎樣寫更吸引人，如何寫才更高效等，寫作水準自然也就提升了。

但如果不去寫，給你再厲害的寫作方法論也沒什麼用。

所以，少一點空想，多一點行動，真正動手去做，你才能加深對事物的理解，從而獲得更好的成果。

四、少點娛樂（減少意志消耗）

這個建議可能會被絕大多數人反對。

這就對了！

正是因為絕大多數人都不願意放棄娛樂，所以只要你願意犧牲部分娛樂活動，就有可能輕鬆地領先他們一大步。

以手機遊戲為例，很多人因為玩遊戲上癮而放棄了學業。或許會有人跳出來舉少數個例反駁我：我表哥就很愛玩遊戲，但他就考上了頂尖大學。嗯，也許你表哥沒有因為玩遊戲耽誤他考上頂尖大學，但絕大多數人如果沉迷於玩遊戲，沒有足夠時間用於學習，很大機率考上大學都有困難。

我自己也曾是遊戲的重度愛好者，上大學時，曾有一整個學期「兩耳不聞窗外事，一心埋頭打遊戲」。我就讀的大學算是國內名校，我可以用親身經歷負責任地告訴你：「不沉迷於玩遊戲的學生，會更優秀。」在我工作後戒掉遊戲，體驗到一種更積極的狀態時，我很後悔大學時在遊戲上浪費了很多時間。

因為享受到了戒掉遊戲帶來的好處，後來我也不看綜藝節目、不追沒有內涵的電視劇、不刷短影音，這幫我省下了大量時間，同時也大大減少了意志力消耗（手機遊戲和短影音最大的危害之一，就是會消耗一個人的意志力，讓人失去自控力）。

我並不反對娛樂，娛樂能夠帶來精神享受，並讓我們恢復精力。然而，現在的問題在於，太多數的人不是娛樂得太少，而是沉溺於過多的娛樂難以自拔。

因此，如果能夠抗拒誘惑，犧牲部分娛樂活動，你會發現自己的意志力變得更加強大，並且能夠有更多時間用於學習和思考。

五、做減法的力量，可能超乎你的想像

從出類拔萃做到萬裡挑一確實很難，但領先於百分之九十五的人，進入前百分之五卻相對容易。這並不需要你拚命，相反，你只需要做好減法——少點貪多、少點求快、少點空想、少點娛樂。

謹以此後記，作為對你閱讀至此的感謝，也作為本書的總結。

參考文獻

1 王世民·學習力：顛覆職場學習的高效方法[M]·北京：電子工業出版社，二〇一八。

2 王世民·思維力：高效的系統思維[M]·2版·北京：電子工業出版社，二〇二一·

3 YouCore·個體賦能：新時代加速成長隱性邏輯[M]·北京：天地出版社，二〇一八。

4 大衛·邁爾斯·社會心理學[M]·11版·侯玉波，樂國安，張智勇，譯·北京：人民郵電出版社，2016。

5 斯蒂芬·羅賓斯，蒂莫西·賈奇·組織行為學[M]·16版·孫建敏，王震，李原，譯·北京：中國人民大學出版社，2016。

6 菲力浦・津巴多・路西法效應：好人是如何變成惡魔的[M]・孫佩妏，陳雅馨，譯・北京：生活・讀書・新知三聯書店，2010。

7 陳彥君，石偉，應虎・能力的自我評價偏差：鄧甯・克魯格效應[J]・心理科學進展，2013, 21（12）：2204–2213。

8 埃裡克・坎德爾・追尋記憶的痕跡[M]・羅躍嘉・譯・北京：中國輕工業出版社，2007。

9 馮秋陽・記憶主動抑制和情緒調節的關係及其腦機制[D]・重慶：西南大學，2019・

10 王陽明・傳習錄[M]・於自力，孔薇，楊驊驍，注譯・鄭州：中州古籍出版社，2008。

11 讓・菲力浦・拉夏・注意力：專注的科學與訓練[M]・劉彥，譯・北京：人民郵電出版社，2016。

12 Wilsor R C,Shenhav A,Straccia M,et al. The Eighty Five Percent Rule for Optimal Learning[J].Nature Communications, 二〇一八。

13 尼克・利特爾黑爾斯・睡眠革命[M]・王敏，譯・北京：北京聯合出版公司，二〇一七。

14 張展暉・跑步治癒[M]・北京：東方出版社，2020。
15 夏萌・你是你吃出來的[M]・南昌：江西科學技術出版社，二〇一七。
16 史蒂芬・柯維・高效能人士的七個習慣[M]・高新勇，王亦兵，葛雪蕾，譯・北京：中國青年出版社，二〇一八。
17 約翰・D・布蘭思福特・人是如何學習的：大腦、心理、經驗及學校（擴展版）[M]・程可拉，孫亞玲，王旭卿，譯・上海：華東師範大學出版社，2013。
18 羅永浩・我的奮鬥[M]・昆明：雲南人民出版社，2010。
19 巴爾紮克・高老頭[M]・許淵沖，譯・西安：西安交通大學出版社，二〇一五。
20 阿道司・赫胥黎・美麗新世界[M]・劉琳琪，譯・長春：時代文藝出版社，2020。
21 丹尼爾・卡尼曼・思考，快與慢[M]・胡曉姣，李愛民，何夢瑩，譯・北京：中信出版社，2012。
22 彼得・德魯克・卓有成效的管理者[M]・許是祥，譯・北京：機械工業出版社，2009。

ideaman 181

減法

少即是多，慢即是快。關於時間、精力、效能與人生管理的核心科學。5%精英都在做的減法工作術

原著書名——減法：百分之五工作精英才知道的基本功
原出版社——人民郵電出版社有限公司
作者——王世民
責任編輯——劉枚瑛

版權——吳亭儀、江欣瑜、游晨瑋
行銷業務——周佑潔、賴玉嵐、林詩富、吳藝佳、吳淑華
總編輯——何宜珍
總經理——彭之琬
事業群總經理——黃淑貞
發行人——何飛鵬
法律顧問——元禾法律事務所 王子文律師
出版——商周出版
115台北市南港區昆陽街16號4樓
電話：(02) 2500-7008 傳真：(02) 2500-7759
E-mail：bwp.service@cite.com.tw
Blog：http://bwp25007008.pixnet.net./blog
發行——英屬蓋曼群島商家庭傳媒股份有限公司城邦分公司
115台北市南港區昆陽街16號8樓
書虫客服專線：(02) 2500-7718、(02) 2500-7719
服務時間：週一至週五上午09:30-12:00；下午13:30-17:00
24小時傳真專線：(02) 2500-1990；(02) 2500-1991
劃撥帳號：19863813 戶名：書虫股份有限公司
讀者服務信箱：service@readingclub.com.tw
城邦讀書花園：www.cite.com.tw
香港發行所——城邦（香港）出版集團有限公司
香港九龍土瓜灣土瓜灣道86號順聯工業大廈6樓A室
電話：(852) 25086231 傳真：(852) 25789337
E-mailL：hkcite@biznetvigator.com
馬新發行所——城邦（馬新）出版集團 Cité (M) Sdn Bhd
41, Jalan Radin Anum, Bandar Baru Sri Petaling,
57000 Kuala Lumpur, Malaysia.
電話：(603) 90563833 傳真：(603) 90576622
E-mail：services@cite.my

美術設計——copy
印刷——卡樂彩色製版印刷有限公司
經銷商——聯合發行股份有限公司 電話：(02) 2917-8022 傳真：(02) 2911-0053

2025年3月11日初版
定價440元 Printed in Taiwan
城邦讀書花園 www.cite.com.tw
ISBN 978-626-390-430-9
ISBN 978-626-390-429-3（EPUB）

本書繁體版由四川一覽文化傳播廣告有限公司代理，經人民郵電出版社授權出版。

線上版讀者回函卡

國家圖書館出版品預行編目(CIP)資料

減法：少即是多，慢即是快。關於時間、精力、效能與人生管理的核心科學。5%精英都在做的減法工作術 / 王世民著. -- 初版. -- 臺北市：商周出版：英屬蓋曼群島商家庭傳媒股份有限公司城邦分公司發行, 2025.03 336面；14.8×21公分. --（ideaman；181）ISBN 978-626-390-430-9（平裝）
1. CST：成功法 2. CST：生活指導 177.2 114000431

Idea man